Bernard Brigouleix



# Le Mur de Berlin

## Petites et Grande Histoires

Alphée

Jean-Paul Bertrand

www.editions-alphee.com



EAN : 978 2 7538 04852

*Tous les hommes libres, où qu'ils vivent,*
*sont des citoyens de Berlin.*

John F. KENNEDY

*Pour Bénédicte, Guillaume et Juliette, à qui je n'aurai pas eu le temps de «présenter» le Mur de Berlin.*

# *Avant-propos*

On a souvent dit que ce qui s'est passé à Berlin dans la nuit du 9 au 10 novembre 1989 restait, malgré tout ce que l'on a pu reconstituer ultérieurement du processus qui a conduit à cet événement considérable, un prodigieux mystère. Même si l'on en sait suffisamment, aujourd'hui, pour pouvoir avancer, afin d'expliquer la chute du plus emblématique symbole du communisme européen et de la Guerre froide, un certain nombre d'éléments, que l'on trouvera relatés et analysés dans ces pages, cela reste assez largement vrai. Car il en va des tours que nous joue l'Histoire comme de ceux des prestidigitateurs, du moins pour les plus doués d'entre eux : on a beau, à force de réfléchir et de s'informer, s'être fait une idée du « truc », et lui avoir même trouvé une certaine rationalité, on n'en reste pas moins confondu par la hardiesse de la manœuvre.

Mais on aurait certainement tort de limiter à l'épisode, en effet singulier, de sa chute, le caractère à tous égards extraordinaire, au sens littéral de l'adjectif, de ce que fut, plus globalement, l'aventure politique et humaine du Mur de Berlin. Sa construction non plus n'alla pas sans mystère, dans la touffeur de cette nuit du 13 août 1961 qui allait devenir, pour tant de Berlinois, le point de départ en général maudit, mais pas tout à fait seulement, d'une longue et tragique période. On pourrait d'ailleurs, sans trop céder aux commodités d'un symbolisme facile, souligner que, né de la nuit, le Mur allait aussi y mourir, comme si cette affaire géostratégique hors normes, hors habitudes, hors tout, avait décidément eu besoin d'obscurité pour mieux éclater à la lumière.

L'imaginera-t-on encore dans dix ou vingt ans, à plus forte raison dans un siècle ? Le décryptage des tensions politiques internationales autour de Berlin, de son statut et de sa mise en œuvre, fut, du début des années soixante à la fin des années quatre-vingt, une de ces disciplines approximatives et évolutives dont se nourrissait un certain journalisme diplomatique, auquel l'auteur de ces lignes ne rougit d'ailleurs pas, quel qu'ait été son goût pour le reportage de terrain, d'avoir largement sacrifié.

La *Berlinologie* comme prolongement, voire comme succédané, de la *Kremlinologie* ? Ce serait tout de même beaucoup dire ; et puis l'histoire nous a appris à nous méfier de ces sciences inexactes. Mais enfin, rarement on aura autant pu mesurer sur le terrain les implications, heureuses ou plus souvent tragiques, de décisions prises dans les états-majors des grandes puissances.

Rarement aussi deux mondes, ou pour mieux dire deux moitiés du monde développé, l'Ouest et l'Est – une césure qui est considérablement moins parlante aujourd'hui, en tout cas à l'intérieur de l'Europe non russe, même si vingt ans après sa disparition officielle toutes les traces n'en sont pas effacées –, auront à ce point confronté leurs vitrines respectives, et leurs systèmes.

Il y a naturellement eu dans l'Histoire, et il reste encore dans le monde, bien d'autres « murs », autrement dit des frontières matériellement renforcées jusqu'à les rendre infranchissables sauf action de guerre. On pourrait bien sûr évoquer la Grande Muraille de Chine, qui prêta d'ailleurs bien involontairement son nom, à vingt-cinq siècles de distance, à l'appellation codée de l'opération « Mur de Berlin » ; et qui, elle, n'empêcha rien. Ou encore le Mur d'Hadrien, qui protégea modérément et trop tardivement Rome des invasions barbares, mais devint surtout, au nord de l'Angleterre, un but d'excursion légitimement fréquenté. On pourrait aussi penser, plus près de chez nous, à tant de remparts, de l'enceinte parisienne de Philippe Auguste à ceux de nombreuses villes médiévales parmi les plus belles. Et puis, comment ne pas songer au mur dont Israël tente, sur des bases discutables et discutées, de se protéger d'éventuels attentats terroristes ?

Mais le Mur de Berlin, même au regard de ces comparaisons variées, aura abondé en singularités. Né de l'écroulement de l'un des deux totalitarismes majeurs du XX^e^ siècle, le nazisme, il pousse sur le terreau du second, le communisme soviétique. Et son ambition n'est pas de protéger le peuple qu'il entoure, mais au contraire d'en empêcher un autre de le rejoindre puisque les vrais reclus, dans l'affaire, ne sont pas ceux qui ont l'air de l'être… En outre, il aura représenté pour l'ensemble du monde, et en particulier pour les Occidentaux, un symbole finalement plus fort, plus dramatiquement connoté, que le Rideau de fer en général, et que sa portion interallemande en particulier.

Installée pour concrétiser sur le terrain la politique d'*Abgrenzung*, cette frontière entre la RFA et la RDA courait pourtant, elle, sur quelque 1 400 kilomètres, de la mer Baltique à l'ex-Tchécoslovaquie, et elle aura connu largement sa part de tragédies et de destins brisés ! Mais justement, elle était trop longue pour pouvoir être embrassée du regard, alors que, même si le Mur était lui aussi bien trop vaste – 167 kilomètres en comptant tous ses détours, y compris parfois en pleine nature – pour tenir tout entier dans un coup d'œil, ou même dans une photo autre que satellitaire, il était, lorsqu'on se promenait à Berlin, extraordinairement présent.

Avec d'ailleurs aussi, sur son très déroutant parcours, des disparitions étonnantes et des surgissements inattendus, en tout cas pour le visiteur qui n'était pas spécialement familier d'un quartier, d'une banlieue… On pouvait évidemment vivre en RFA, et même en RDA, sans penser sans cesse à la frontière interallemande. Alors qu'il était difficile, lorsqu'on se trouvait à Berlin, et même lorsqu'on ne le voyait pas (c'est-à-dire souvent, avouons-le), de ne pas penser au Mur, et à tout ce qu'il induisait. Surtout, bien sûr, du côté Ouest ; mais pas seulement. Encore aujourd'hui, d'ailleurs, quiconque a fréquenté la ville à l'époque et y revient aujourd'hui – hormis, répétons-le, les endroits déjà bien connus du visiteur, ou célébrissimes précisément pour leur voisinage avec le Mur – passe son temps à se demander « de quel côté » il se trouve. En s'amusant à tenter de le deviner d'après l'aspect des bâtiments et des rues, un aspect qui est d'ailleurs, et heureusement, devenu parfois trompeur de nos jours.

Le paradoxe du Mur de Berlin, c'est aussi qu'il est impossible de regretter sa disparition – car comment imaginer plus hideux symbole de la partition du monde, et en particulier de l'Europe ? – alors que, d'une certaine façon, on aurait aimé, comme on dirait d'une personne, le présenter à ses enfants. Non pas, ou pas seulement, à des fins d'éducation démocratique, quoiqu'il soit tout de même assez rare qu'un totalitarisme avoue, voire proclame, sa vraie nature, en quelque sorte dans sa chair, et avec autant de cynisme tranquille. Mais aussi parce qu'il a fait partie de notre paysage politique, même quand nous vivions à 1 500 ou 2 000 kilomètres de là. De notre paysage mental, même, serait-on tenté de dire, tant il matérialisait une époque dans laquelle encore beaucoup d'entre nous sont nés et ont grandi.

C'est donc en pensant à ce que le Mur de Berlin a été pour nous, mais aussi en se tournant vers cette jeune génération qui ne l'aura heureusement jamais connu mais qui ne doit pas pour autant en méconnaître l'histoire, que ce livre a été écrit. Et plus que tout en pensant à *eux*, les Berlinois ; tout particulièrement à ceux qui, tués en essayant de le franchir, sont morts avant de pouvoir en vivre la chute, durant cette nuit d'ivresse qui devait changer la face du monde, ou, pour mieux dire, manifester d'éclatante façon que le monde était en train de changer.

# Chapitre I

## *Tout commence en 1945*

TOUT COMMENCE, ou bien tout finit ? Les deux sont vrais, en fait. Un monde s'écroule, pour les Allemands plus que pour n'importe quel autre peuple à l'exception, sans doute, des Japonais ; mais, s'agissant de Berlin, c'est, dans les décombres encore fumants de la folie hitlérienne, une autre aventure qui se met en place. Un ordre ancien s'achève, qui eut son épouvantable (et en réalité infiniment désordonné) paroxysme ; un ordre nouveau est en train de s'installer, à Berlin certes, mais aussi dans l'ensemble de l'Allemagne, de l'Europe, et de l'univers industrialisé. On ne sait pas encore qu'il va durer près d'un demi-siècle, et qu'il fera plus d'une fois trembler à nouveau le monde, quoique pour des raisons différentes.

Comme pour tout ce qui touche à l'histoire germanique contemporaine, mais aussi à celle de la Guerre froide en Europe et même ailleurs, il faut s'arrêter un instant sur cette date de 1945 que l'on a longtemps appelée « l'année zéro » de l'Allemagne.

Il y a défaite et défaite. Toutes ne se valent pas, même si toutes font mal à ceux qui les vivent, militairement, politiquement, économiquement ; et, sans doute autant, moralement. Pour les Allemands, au terme d'une guerre mondiale qu'ils ont voulue, ou au moins à laquelle ils ont consenti, et qu'ils ont longtemps menée avant de la subir jusqu'à la tragédie la plus absolue, en passant par l'horreur non moins absolue de la Shoah, cette défaite est totale.

L'effondrement du nazisme va en quelque sorte de soi, pour le plus grand nombre d'entre eux, et de très loin : c'est peu dire que le régime sous lequel ils vivent depuis plus de douze ans ne leur inspire plus ni sympathie ni illusions ; la déroute militaire, la misère et la mort, sans parler des persécutions diverses, s'étant chargées d'en montrer la réalité, même aux plus aveugles. Mais il s'agit aussi, en dehors des effroyables destructions matérielles et des pertes humaines incalculables, de l'effondrement du sentiment même d'être allemand, ou en tout cas d'avoir le droit de se sentir tel. Sans doute pour la première fois de l'histoire, le pays qui a déclenché le conflit peut éprouver l'impression de s'être interdit à lui-même toute nouvelle existence nationale.

Naturellement, nous savons bien aujourd'hui qu'il n'en a finalement rien été, et que les vraies valeurs de l'Allemagne, celles qui avaient tant apporté à l'Europe, allaient au contraire assez vite – disons en un quart de siècle, ou à peu près – dissiper ce terrible sentiment de

*Kollektivschuld*, de faute collective, d'abord entretenu par le souvenir démoniaque de ces années de dictature hitlérienne et de guerre à outrance, et aussi, voire surtout, la part au début considérable et active que la population y avait prise, avant que de se borner à se la voir infliger elle aussi. Mais l'histoire moderne de Berlin a longtemps eu beaucoup à voir avec ce choc, cet anéantissement de 1945.

Non pas seulement pour l'évidente raison que la capitale du Reich avait été prise par l'Armée rouge ; ainsi que ce territoire alentour qui, de la frontière polonaise remaniée sans vergogne par Staline en fonction de ses appétits territoriaux jusqu'à cette ligne de démarcation interallemande, et de la Baltique au nord de la Bavière et de la Tchécoslovaquie, allait devenir la RDA. Mais aussi parce que le sentiment de culpabilité allait être plus fort, et donc plus exploitable par les vainqueurs et tout particulièrement par les Soviétiques, à Berlin que nulle part ailleurs.

Car les Berlinois des années trente (en tout cas ceux qui n'avaient pas fui l'Allemagne après 1933) ont été séduits, dans leur masse, par le nazisme. Bien paradoxalement : Hitler préférait la Bavière à la Prusse, Munich et sans doute plus que tout Nuremberg à Berlin. Mais il avait fait de cette ville à la fois sa vitrine politique internationale – avec l'efficace et consternante apothéose des jeux Olympiques de 1936 – et le laboratoire de ses pratiques les plus détestables, notamment contre les juifs et les rares mais très courageux opposants qui pouvaient encore y avoir un semblant d'activité clandestine.

Où était passé, à partir de 1933, le Berlin gouailleur, frondeur, populaire et bon enfant des personnages jadis croqués par Zille ? Comment cette population berlinoise, grande lectrice et amie de la musique, avait-elle pu, sans en tirer au moins des convictions intimes, assister par exemple à l'immense bûcher de livres dressé le 10 mai 1933 sur la place de l'Opéra ? Ou croire que les studios de cinéma construits à Babelsberg par les nazis apporteraient à leur ville un surcroît de renom, et à leurs soirées de nouveaux plaisirs culturels ?

Bref, en 1945, Berlin sort hébétée d'une succession d'épreuves dont le crescendo dramatique semble avoir conduit à l'anéantissement absolu de la grande cité, et à coup sûr de son rayonnement culturel pour plusieurs décennies. Et aussi de son rayonnement politique : de la nouvelle Allemagne libre, celle de l'Ouest, la ville ne sera plus la capitale – ce qui est d'ailleurs logique puisqu'elle n'en fera même plus géographiquement et politiquement tout à fait partie ; de la RDA, elle ne deviendra la capitale qu'à la suite d'un petit coup de force diplomatique, puisqu'en vertu des accords quadripartites c'est dans le faubourg de Pankow que s'installent les autorités soviétiques, puis, en théorie, le gouvernement est-allemand, même si assez vite le régime socialiste parle de « *Berlin, Haupstadt der DDR* » –

« Berlin [sans préciser, d'ailleurs, qu'il ne s'agit que de Berlin-Est], capitale de la RDA ».

Mais la dimension politique et morale de la destruction de Berlin telle qu'elle apparaît aux yeux du monde en 1945 ne doit pas faire oublier que sur le plan matériel aussi, les dégâts sont considérables. Hambourg, Francfort, et, sans doute plus que toutes les autres cités germaniques, Dresde, ont été, en proportion, plus profondément dévastées encore par les bombardements alliés ou les combats terrestres de la fin de la guerre. Mais Berlin est à l'époque le plus formidable amas de ruines. Des estimations sérieuses ont évalué le monceau des gravats à quelque 75 millions de mètres cubes, soit environ le septième du total allemand – dont on disait, à l'époque, qu'empilé sur un mètre de côté il aurait largement dépassé la lune... De fait, tout le vieux centre est à peu près rasé, et les deux tiers des quelque 150 000 immeubles en tous genres qui le composaient juste avant la guerre sont atteints, le plus souvent de manière irréparable. Même le légendaire Kurfürstendamm, traditionnellement présenté comme les Champs-Élysées berlinois, n'est plus guère qu'un passage un peu plus large entre les ruines.

« Du passé, faisons table rase » : ici, l'Histoire a pris au pied de la lettre les paroles de l'*Internationale*. Et cela aura des conséquences psychopolitiques fortes. Car aucune très grande ville sans doute, dans l'histoire du monde, ne se sera à ce point prêtée à l'idée d'être complètement repensée, reconstruite, non pas seulement en termes de bâtiments, de rues et d'infrastructures, mais carrément dans son essence même. Entre le sentiment de culpabilité, la certitude que le passé ne pourrait plus renaître de ses cendres et le plat constat de la ruine matérielle de la ville, cette très grande métropole – très grande, du moins, à l'échelle de l'époque et de l'Europe – était mûre, en 1945, pour (ré)alimenter, à l'Est, ce rêve éternel des idéologies totalitaires : le façonnement d'un « homme nouveau » ; et, à l'Ouest, au moins l'envie d'en faire la vitrine de la prospérité capitaliste face au rationnement socialiste.

Mais pour l'heure, on n'en est pas là ; et on ne pense pas encore tout à fait en termes d'Est et d'Ouest, même si, de part et d'autre de ce qui deviendra dans quelques années le Rideau de fer, puis le Mur de Berlin, s'affûte déjà la nouvelle division du monde. Un concept d'après-guerre commence tout juste à émerger : celui de « statut quadripartite », puisque parmi d'autres singularités, l'ancienne capitale du Reich se voit désormais dotée de celle d'être à la fois entourée par la zone d'occupation soviétique de l'Allemagne, future RDA, mais occupée elle-même par les quatre puissances victorieuses : les États-Unis, les deux autres occidentaux que sont le Royaume-Uni et la France, et puis, bien sûr, l'URSS.

Rétrospectivement, ce partage peut sembler un peu incompréhensible. Les Soviétiques, on le verra par l'usage pour le moins désinvolte qu'ils feront des accords de Yalta dans l'ensemble de l'Europe de l'Est, n'ont pas le moins du monde l'intention de partager avec les Alliés la gestion politique de la portion du continent où ils ont finalement vaincu l'Allemagne nazie. Une Allemagne qui fut leur partenaire du pacte Molotov-Ribentropp avant de devenir, à la suite de l'opération *Barbarossa* d'invasion allemande de la Russie, leur ennemi absolu, vaincu au prix de sacrifices d'un héroïsme populaire lui aussi absolu.

Mais c'est que Berlin a fait l'objet, à l'automne 1944, d'un chapitre particulier du protocole d'accord signé le 12 septembre entre les représentants de Washington, Moscou, Londres et Paris, à propos du découpage de l'Allemagne lorsqu'elle aura enfin été totalement vaincue et occupée. À chacun sa zone territoriale du futur ex-Reich, mais aussi à chacun sa partie de Berlin, sous l'autorité d'un organisme également quadripartite, la *Kommandatura*, dont on n'a pas fini de parler car elle sera souvent le siège, voire l'enjeu, des rivalités Est-Ouest sur l'ancienne et future capitale allemande.

Septembre 1944 : on est encore à près de huit mois de la capitulation officielle de l'Allemagne hitlérienne le 8 mai 1945 (il faudrait même dire : post-hitlérienne, puisque le Führer s'est suicidé, lui, le 30 avril, en compagnie d'Eva Braun, qu'il a épousée la veille dans son bunker). Mais lorsque cette capitulation devient effective, tout d'abord les choses ne se passent pas si mal entre Occidentaux et Soviétiques ; en particulier, ces derniers, quoique maîtres du terrain, jouent le jeu du partage du territoire et du pouvoir à Berlin. Seule complication due à la légèreté des négociateurs alliés : l'accord n'a pas clairement défini comment les Alliés auraient accès à *leur* Berlin à travers la zone d'occupation russe qui l'entoure complètement. Mais comme on est encore en guerre, puis dans un immédiat après-guerre qui reste très marqué par la geste militaire, des couloirs aériens ont tout de même été prévus pour les avions alliés – sans deviner que cette disposition jouera un rôle essentiel dans l'histoire moderne de Berlin.

Tout cela explique que les troupes d'occupation alliées ne rejoignent leurs homologues soviétiques dans l'ancienne capitale allemande qu'en juillet. Entre-temps, Moscou y a installé une administration qui, en deux mois, aura le temps de laisser aux Berlinois, par l'extrême brutalité de sa soldatesque, un souvenir absolument cauchemardesque, qui planera longtemps ensuite sur l'image des autorités d'occupation russes à l'Est, et même à l'Ouest. Il en restera notamment à l'Armée rouge un surnom : les *Uhri*, jeu de mots sur le double sens de *Uhr* en allemand : l'heure, et la montre ; en demandant l'heure, les soldats soviétiques, privés de tant de choses, demandent aussi qu'on leur donne la montre ; et dans un registre autrement grave, on estime aujourd'hui à environ 20 000 les viols subis durant ces deux mois par les Berlinoises, dont pour beaucoup le mari a été tué ou est retenu comme prisonnier.

Mais surtout, ce qui peut encore être réutilisé dans les décombres de Berlin est systématiquement récupéré, démonté, emporté vers l'Union soviétique qui, elle aussi, après vingt-huit ans de socialisme, dont quatre de guerre, manque de tout. Ce n'est pas anecdotique, car le potentiel industriel de la région berlinoise est, curieusement, ce qui a été le moins détruit par les bombardements : on estime qu'environ les trois quarts en subsistent en 1945. Prévoyant l'arrivée des Américains et de leurs alliés, les Soviétiques font en priorité main basse sur ce qui se trouve à l'ouest de la ville. Ils se serviront un peu plus tard très largement sur l'ensemble de la future RDA, ce qui contribuera à ralentir un redécollage industriel qu'une habile propagande arrivera longtemps – pratiquement jusqu'à la chute du Mur, en fait – à faire surestimer à l'Occident.

Celui-ci sera durablement tenté de voir en l'Allemagne orientale le meilleur élève de la classe socialiste, une sorte d'exception, même, dans le camp des pays satellites de l'URSS, comme si le génie productiviste allemand était parvenu à surmonter jusqu'à la traditionnelle incurie économique liée à ces régimes. Il faudra les comparaisons cruelles de la réunification pour que l'on prenne enfin la vraie mesure de cette auto-intoxication.

À ces « réparations » dont, après tout, la France avait été largement victime de la part de la Prusse en 1871, et des occupants nazis à partir de 1940, tout en les ayant elle-même imposées à l'Allemagne après la Première Guerre mondiale dans la foulée du traité de Versailles, vont s'ajouter dès le second semestre de 1945 les conséquences pratiques de l'épuration politique menée par les Soviétiques. Il ne s'agit en principe, au début, que d'éliminer les personnalités ou les entreprises qui se sont compromises avec le régime hitlérien. Mille cinq cents usines, ateliers ou boutiques sont ainsi confisqués, et 10 000 employés municipaux congédiés. Mais l'occasion est belle, pour Staline, de se débarrasser aussi de ce qu'il peut subsister d'élites démocrates, lesquelles ne manqueraient pas de tenter de faire obstacle à la soviétisation forcée de l'est de l'Allemagne, qui sera justement au contact direct de l'Occident – et plus tard, mais on ne le sait évidemment pas à l'époque puisque les deux grands systèmes d'alliance n'ont pas encore vu le jour, de l'OTAN.

Les camps nazis, tout juste ouverts, sont recyclés en petits goulags germano-russes. On évoque aujourd'hui le chiffre de 5 000 disparus parmi ces intellectuels antinazis qui auraient pu prendre ombrage de la russification de la future RDA. Chiffre bien difficile à vérifier s'agissant d'une époque où, précisément, les disparus étaient si nombreux, et leur recherche une obsession collective permanente ; mais chiffre certainement plausible, et qui reste bien inférieur, après tout, au bilan du massacre des élites polonaises par le NKVD dans les fosses communes de Katyn…

Staline, cependant, est aussi attentif à ne pas laisser pillages et exactions diverses – malheureusement inévitables à l'égard du vaincu de la part de soldats qui se sont tant battus, avec de si lourdes pertes – s'installer à Berlin comme la seule composante majeure de l'image publique de son armée. Aussi tout un ensemble d'actions humanitaires est-il déployé. On distribue quelque 180 000 tonnes de vivres dans l'ensemble de la ville, en attendant l'arrivée des Américains, des Britanniques et des Français. On organise des soupes populaires. Chaque Berlinois a droit à un régime plus ou moins riche selon son activité, en fonction de la carte d'alimentation qui lui a été attribuée. Malheur aux chômeurs – si tant est que le mot ait un sens en ce lieu et à cette époque ! – titulaires de la carte n° 5, dite *Hungerkarte* par l'homme de la rue (« Carte de la faim »). L'Armée rouge s'applique aussi à rétablir un semblant de réseau de communications, étant entendu que, dans les ruines, les plus privilégiés sont ceux qui ont pu sauver (ou racheter, ou réparer, ou voler) une vieille bicyclette, voire un cheval.

Et puis, il faut, bien sûr, refaire une police, dans une très grande ville où beaucoup de conditions seraient réunies pour que s'installât la loi de la jungle. Là aussi, les initiatives soviétiques marqueront durablement. Onze jours après la capitulation du Reich, c'est un Allemand, le colonel Paul Markgraf, qui est nommé préfet de police. Résistant antinazi chevronné à Hitler, militant clandestin de la gauche socialiste ? pas du tout : Markgraf a été promu, tout jeune encore, dans l'état-major de la Wehrmacht ; il a combattu férocement les Russes à Stalingrad dans les blindés. Fait prisonnier en 1943, il a eu la prudence de se rallier ostensiblement à Staline. On a du mal à imaginer que ce dernier ait pu être dupe une seconde de cette fulgurante reconversion, mais le « petit père des peuples » a bien senti qu'il pourrait avoir besoin, un jour, de cet officier allemand habité de l'ambition de sauver sa tête, sans doute aussi de (re)faire carrière.

C'est dit : le voici, à trente-cinq ans à peine, promu patron de la police du nouveau Berlin, qu'il déclare vouloir « authentiquement populaire ». Remarquons d'ailleurs au passage que la RDA, plus tard, adorera faire précéder l'appellation de ses organismes et fonctions, en une manifestation très soviétique d'un véritable génie de l'antiphrase, du préfixe *Volks-*, autrement dit : « du peuple ». Voici donc créée à Berlin, sous l'autorité d'un ancien officier nazi, la *Volkspolizei*, la police du peuple, et ses fonctionnaires, les *Volkspolizisten*, que le monde apprendra à connaître, à propos de leur très expéditif savoir-faire contre ceux qui tenteront de franchir le Mur, sous l'abréviation de VoPo.

Anticipons encore un instant : Markgraf recevra pour adjoint un rescapé des camps nazis, Karl Heinrich, qui en militant social-démocrate de toujours, lui, cherche rapidement à empêcher que la police berlinoise soit mise à la disposition des commissaires politiques de l'Armée rouge. Victime de fortes pressions auxquelles l'arrivée des Alliés ne pourra le soustraire, il est purement et simplement enlevé le 2 août par ses propres collaborateurs, et interné au camp de Hohenschönhausen, où les effroyables traitements que lui infligent ses geôliers communistes finiront le travail de ses ex-geôliers nazis. Il sera remplacé par un homme beaucoup plus attentif à ne pas déplaire à l'occupant soviétique, Johannes Kanig, que les officiels militaires et civils français, arrivés entre-temps, ne se lasseront pas d'appeler « le docile Kanig » (« caniche », dans une prononciation allemande un peu approximative).

En attendant, avec le peu d'enthousiasme que l'on imagine, l'arrivée des troupes occidentales, les Soviétiques s'emploient en hâte à installer dans tout Berlin, et non pas seulement dans leur zone spécifique, des hommes et des structures à eux. On ne s'y attarderait pas si cette mise en place, y compris de très nombreux « agents dormants », comme on dira plus tard dans le milieu du renseignement, n'était appelée à jouer durablement son rôle. En outre, Walter Ulbricht, chef de file des communistes allemands, fraîchement revenu de son exil moscovite en compagnie d'une poignée de fidèles, supervise la nomination des maires – qu'à l'époque il n'est pas question d'élire – des « communes du Grand Berlin » : Hermsdorf, Mariendorf, Ehlendorf, Neukölln, bien d'autres encore, dont la mythique Tempelhof, où est implanté, en pleine ville, cet aéroport qui jouera un rôle essentiel lors du pont aérien, en 1948-1949.

Donc, durant ces quelques semaines, très précieuses pour eux, qui séparent la capitulation du Reich de l'arrivée effective des troupes alliées, les Soviétiques se sont ingéniés, concrètement et sur le terrain, à marquer leur territoire, et pas seulement le leur ; comme si, dans leur esprit, c'était l'ensemble de Berlin qui avait vocation à rester sous leur coupe. Le moins que l'on puisse dire est qu'en dépit d'accords ultérieurs, conclus en particulier lors de la Conférence organisée à deux pas de l'ancienne capitale, à Postdam, entre Truman, Staline et Churchill, qui s'ouvre le 17 juillet 1945 – une fois de plus sans de Gaulle, comme à Yalta ! – ils camperont très largement sur cette posture, sans pouvoir le dire explicitement, bien entendu : on n'ôtera jamais tout à fait des esprits du Kremlin, jusqu'à la chute du Mur, que Berlin, même dans sa partie Ouest, fait en somme partie du glacis soviétique.

Pourtant, lors de ladite Conférence, les représentants de Moscou se montrent conciliants. Lents à transférer aux Alliés l'exercice concret de leurs droits sur Berlin, certes ; mais enfin, oui, conciliants. Car ils savent déjà que l'Ouest a en fait accepté, lors de précédentes négociations, ce dont l'avenir montrera tout le poids contraignant. On ne parle pas encore de « Berlin-Ouest » puisque pour l'instant, il y a quatre zones d'occupation ; mais qui ne verrait qu'il va y avoir, d'une part, les Soviétiques, au cœur de leur propre fraction d'Allemagne, et d'autre part les Occidentaux, cernés par un système hostile, même si l'on ne devine pas encore à quel point il le sera à l'égard de toute velléité d'évasion de la part de ses propres ressortissants ?

Pourtant, et à cela près qui n'est certes pas un détail, l'Ouest a en apparence la part belle : 481 kilomètres carrés contre 403, et plus de deux millions d'habitants contre la moitié pour le secteur oriental. Mais il s'agit, dans ce dernier cas, du seul secteur soviétique, contre trois zones d'occupation cumulées pour les Occidentaux ; des zones de surcroît sensiblement plus détruites, même si le *Mitte*, le vieux centre de Berlin, est à l'Est. Mais enfin, soit : Américains, Britanniques et Français prennent enfin leurs quartiers dans leur domaine respectif, sans deviner encore – même si le *statu quo* semble évidemment précaire – que tout cela formera, dans quelques années, « Berlin-Ouest », puis sera totalement encerclé d'un Mur légendaire…

Les Français choisissent ce qu'il peut rester de cossu : de belles et grandes demeures à Wittenau, à Frohnau dans le district de Reinickendorf, restées miraculeusement debout dans l'enfer des derniers jours, comme un témoignage de pierre d'un temps où la vie, ici, et au moins pour certains, était douce. Ou encore à Tegel, où l'on construira le nouvel aéroport international – de sorte que ce seront des militaires français qui en exerceront le contrôle aérien, ce qui leur donnera plus d'une fois des sueurs froides du fait de la complexité de l'approche finale en plein milieu urbain très sévèrement compartimenté, et aussi avec la dimension politique très particulière que prendrait à Berlin tout incident aérien : crash, détournement d'avion, prise d'otages…

Les Américains découvrent avec émerveillement, pour leur part, que la ville comporte en fait, entre les champs de ruines, de grandes étendues boisées, pour ne pas dire de véritables petites forêts, ainsi que de vastes lacs où, bientôt, on ne tardera pas à canoter à nouveau à la belle saison. Ils s'y installent de préférence, à Dahlem, à Wannsee ou encore à Nikolassee. Les Britanniques héritent, eux, de Wilmersdorf et de Spandau, dont la prison, construite bien avant la Seconde Guerre mondiale et même la Première, en 1876, deviendra d'autant plus célèbre qu'elle n'abritera plus, à partir de 1966, qu'un unique prisonnier, Rudolf Hess (elle sera détruite au lendemain de sa mort en 1987), après avoir hébergé ceux des dignitaires nazis qui avaient échappé à la peine de mort au procès de Nuremberg : von Neurath, Dönitz, von Schirach, Speer et quelques autres…

Cependant que les représentants des vainqueurs emménagent, le peuple vaincu déblaie et commence à reconstruire. Cette résurrection d'abord purement matérielle de la ville, va être la grande affaire des années qui viennent, et pour toute une population. Avec, aussi, la recherche des proches disparus dans la grande tourmente : sur d'immenses panneaux d'affichage qui resteront durant plusieurs années les dazibaos de la détresse des familles allemandes, on vient ainsi épingler un message, une photo, souvent sans pouvoir donner soi-même une adresse et à plus forte raison un numéro de téléphone, bien sûr.

Nuit et jour, les femmes cassent les gravats et récupèrent les briques encore utilisables pour en faire les premiers matériaux de cette reconstruction. Les hommes, toutes conditions confondues, piochent, martèlent, s'attellent à des charrettes, tirent et poussent, brouettent des monceaux incroyables de débris, bref remplacent vaille que vaille ces bulldozers, ces camions et ces marteaux-piqueurs qui ne reviendront qu'un peu plus tard. Les armées d'occupation fournissent les projecteurs pour assurer le travail vingt-quatre heures sur vingt-quatre, même quand le froid mord ou que le soleil écrase. On n'a pas encore la moindre idée de ce à quoi pourra bien ressembler l'avenir ; mais on n'a jamais eu autant hâte d'effacer le passé.

Et les résultats arrivent : dans Berlin qui reste dévastée, dès la fin de cette « année zéro » de 1945 un tiers des principaux axes de circulation sont déjà à peu près dégagés ; au printemps suivant, on aura reconstruit, ou au moins suffisamment retapé pour pouvoir y habiter à nouveau, fût-ce dans une certaine précarité, quelque 200 000 logements. Ce n'est évidemment qu'un début ; et plus tard, cette reconstruction des premiers mois apparaîtra si sommaire qu'elle sera rapidement remplacée par des bâtiments certes sans aucune grâce, mais plus conformes aux critères modernes de solidité et d'hygiène. Il n'empêche : le Berlin de décembre 1945 n'est déjà plus tout à fait, dans sa structure architecturale et urbaine, celui d'avril-mai.

Mais où en sont les esprits ? Les Occidentaux, fidèles à leur *doxa* démocratique, veulent organiser au plus vite des élections locales qui permettraient de refonder un semblant de vie publique sur des bases saines, et d'en reconstituer le tissu. Les Soviétiques, fidèles, eux, à leur pratique constante – et l'on est encore loin de deviner, à l'époque, ce qui se passera plus tard sous leur férule, à Berlin comme dans toute l'Europe centrale et orientale –, tiennent surtout à s'afficher par mille petits signes comme les seuls vrais patrons de la ville, bien que celle-ci soit en principe dotée de son fameux statut quadripartite.

Cette rivalité est encore sourde, car son expression n'est pas, comme on dirait aujourd'hui, « politiquement correcte » dans la brève euphorie Est-Ouest de l'immédiat après-guerre. Mais elle a, pour le moins, un bel avenir devant elle ! Et pour commencer, elle se manifeste notamment au sein de la *Kommandatura*, cet organisme de coopération entre les quatre puissances occupantes où les Occidentaux ont eu l'imprudence – peut-être parce qu'arrivés à Berlin après les Russes – de concéder à ces derniers un droit de veto qui leur permet d'opposer un *niet* ayant force de loi à toute proposition, même soutenue par les trois autres, n'allant pas dans le sens qu'ils souhaitent. Dès cette époque, Français, Anglais et Américains pourront mesurer combien, comme le dira plus tard Kennedy à propos des rapports avec Moscou en général, « pour l'Union soviétique, ce qui est à elle est à elle ; ce qui est à nous est négociable ».

Des élections libres, donc, et dans l'ensemble de Berlin : voilà ce que proposent les puissances d'occupation occidentales. En simple application, soit dit en passant, des Accords de Yalta. Mais avant d'organiser un tel scrutin, il faut bien régler la question des partis politiques, puisque les nazis ont interdit les autres que le leur, lequel a évidemment été dissous *manu militari* à l'arrivée des Russes, avec l'entière bénédiction des Alliés, et ses derniers dirigeants emprisonnés. Et là commence une première manœuvre des Soviétiques.

Pour eux aussi, certes, il devient nécessaire d'installer une autorité municipale à Berlin. Mais ils se gardent bien de préciser si celle-ci doit être réellement élue, ou simplement nommée, au moins à titre transitoire (ni, d'ailleurs, pour combien de temps). En outre, ils souhaitent la fusion de ce qu'il reste, ou renaît, du parti communiste (autrement dit le KP, *Kommunistische Partei*) et du parti social-démocrate d'Allemagne, le SPD (*Sozialdemokratische Partei Deutschlands*). Ce dont les militants de la gauche modérée ne veulent pas entendre parler : ils ont encore le souvenir des ambiguïtés du PC allemand de la République de Weimar, à l'époque où il n'hésitait pas à faire le coup de feu, tout comme les militants hitlériens, contre les socialistes ! En outre, ils fuient tout ce qui pourrait faire de Berlin une entité politique et administrative distincte du reste de l'Allemagne, dont ils ne devinent pas encore qu'elle sera, quatre ans plus tard, divisée en deux Républiques antagonistes…

On organise donc un référendum sur cette question préalable, et dans les trois secteurs occidentaux, le rejet de toute fusion des sociaux-démocrates et des communistes, dont on devine bien qui, à terme, absorberait qui, malgré le rapport de force électoral, est catégorique et écrasant. Reste le secteur russe, où le résultat de la consultation populaire pourrait bien se révéler à peu près aussi décevant pour le KP. Il s'agit là d'un risque que les Soviétiques ne peuvent se permettre de courir : foin de ces palinodies démocratiques occidentales, le scrutin prévu est donc finalement remplacé par… un décret.

Ainsi naît, de la fusion forcée d'un parti communiste totalement inféodé à l'occupant et d'un parti social-démocrate qui n'est déjà plus, à l'Est, qu'une coquille vide, une formation politique dont on n'a pas fini de parler à Berlin et en Allemagne orientale : le SED (*Sozialistische Einheitspartei Deutschlands*), autrement dit le parti socialiste unifié d'Allemagne, autrement dit encore le PC est-allemand. Quelques années plus tard, le régime communiste de RDA organisera aussi l'existence, purement fictive, de quelques autres formations permettant d'essayer de faire croire – mais à qui ? surtout pas aux Berlinois et autres Allemands de l'Est eux-mêmes – à une sorte de pluralisme, avec un vrai-faux parti agrarien et même une sorte d'union chrétienne-démocrate, appelée, comme à l'Ouest, la CDU, et qui présentera la singularité de n'être ni particulièrement chrétienne, ni, surtout, le moins du monde démocrate.

Cette manipulation si peu discrète aura au moins, pour le SPD berlinois tel qu'il se maintient dans les trois secteurs où les électeurs ont pu s'exprimer, un double avantage. D'une part, le voici libéré de toute suspicion de sympathies pour le communisme : il sera à jamais impossible, à Berlin et même dans l'ensemble de l'Allemagne, de l'en accuser de bonne foi. D'autre part, il voit venir à lui de très nombreux militants du grand secteur soviétique, qui font de lui, pour longtemps, *la* force politique dominante du futur Berlin-Ouest. Souvent, des observateurs s'étonneront de ce qu'une ville aussi bien placée pour nourrir un tropisme anticommuniste vote tout de même à gauche ; ce sera oublier dans quelles conditions ladite gauche modérée et démocrate a pu prendre, justement face aux menées soviétiques, une telle importance.

La question de l'existence des partis politiques étant réglée, même si elle l'a été de façon fort peu démocratique à l'Est, il reste à organiser des élections municipales. De Moscou provient la rumeur selon laquelle Staline n'y est pas favorable, considérant que le scrutin, organisé conjointement avec les Occidentaux dans trois secteurs sur quatre (et même en principe dans celui des Soviétiques), risque de ne pas produire un de ces confortables et invérifiables raz-de-marée dans lesquels vont s'installer, en Europe de l'Est, les gouvernements inféodés au Kremlin. Mais le plus éminent représentant de l'URSS au Conseil de contrôle, le maréchal Vassili Sokolovski, arrive à convaincre les autorités soviétiques que le fait de s'opposer à la tenue du scrutin – ce qui serait techniquement faisable grâce à l'exercice de leur droit de veto au sein de la *Kommandantura* – serait pour le moins maladroit politiquement, en particulier au moment où, ailleurs en Europe, les partis communistes ont le vent en poupe.

Intuition heureuse pour l'avenir de Berlin, sans conteste. Et bonne surprise, aussi, de la part d'un homme qui, commandant en chef de la zone d'occupation soviétique en Allemagne, puis chef d'état-major des armées à partir de 1952, et membre du comité central du PCUS quatre ans plus tard, sera le père de la doctrine stratégique qui portera brièvement son nom, et qui consistera notamment, pour l'URSS, à se préparer à une riposte nucléaire, à la fois sur le front et contre l'arrière, en cas d'attaque même conventionnelle de l'OTAN (l'affaire des fusées de Cuba, en 1962, en fera d'ailleurs litière).

À l'automne 1946, les urnes parlent donc : le SED prosoviétique obtient, grâce aux forts contingents de l'Est, environ 20 pour cent des suffrages, mais les sociaux-démocrates frôlent la majorité absolue, tandis que les chrétiens-démocrates et les libéraux obtiennent des scores convenables quoique non déterminants. Otto Ostrowski, l'une des figures de proue du SPD berlinois, constitue, fort de ces résultats, la première municipalité berlinoise de l'après-guerre, qu'il a la sagesse – vivement encouragée par les Alliés, il est vrai – de composer en unissant les quatre grandes formations de la ville, communistes compris, donc.

Il sera remplacé par Ernst Reuter un an et demi plus tard, à la suite d'un nouvel incident Est-Ouest. Il a en effet été mis en minorité par ses collègues au motif qu'il aurait été trop complaisant à l'égard des autorités d'occupation soviétiques. Pour se venger, les représentants du Kremlin tentent de s'opposer à la désignation de Reuter, qui leur est d'autant plus suspect qu'il s'agit... d'un ancien communiste, rompu de longue date aux astuces dialectiques de son ex-famille politique. Pour la petite histoire, on signalera que les manœuvres soviétiques contre Ernst Reuter font que les attributions de ce dernier sont, en pratique, exercées par ses deux premiers adjoints, Louise Schröder, qui est elle aussi sociale-démocrate, et Ferdinand Friedensburg, qui appartient, lui, à la droite modérée...

Ainsi vont donc, dans les premiers mois qui suivent l'écroulement du IIIe Reich, l'établissement d'un nouveau statut dans son ancienne capitale et l'installation des quatre puissances occupantes, les petits jeux d'une diplomatie Est-Ouest qui se cherche encore. Berlin commence à peine à revivre un peu et déjà se mettent en place les éléments de futures tensions, pour ne pas dire de futurs drames. Pourtant, avant le choc absolu de la construction du Mur, il lui restera encore à vivre plusieurs autres épisodes singuliers, à commencer par celui, auquel on chercherait en vain un équivalent au XXe siècle, du blocus, et donc du pont aérien, de 1948-1949.

# Chapitre II

## *Avant le Mur, le Pont*

Les dernières années de la décennie 1940 vont être marquées par un événement qui n'aura certes pas le même retentissement que la construction du Mur, ni surtout des retombées aussi durables (encore qu'il ne soit pas interdit d'y voir l'une des étapes majeures d'un processus qui, précisément, y conduira), mais qui marquera lui aussi de façon significative son époque. Au point qu'on pourra, d'une certaine façon, y voir la naissance concrète de la Guerre froide, tout comme la chute du Mur aura illustré son extrême fin. Cet événement en deux temps très rapprochés, c'est le blocus de Berlin puis, dans la foulée, et en riposte pacifique des Américains, l'instauration d'un gigantesque pont aérien destiné, en quelque sorte, à désincarcérer la ville.

Il est vrai qu'au-dessus de Berlin, le ciel politique et diplomatique, lui, s'assombrit singulièrement après ces premières élections démocratiques. Celles-ci pouvaient encore laisser espérer que l'ensemble de l'ancienne capitale, et non pas seulement ses secteurs occidentaux – voire, rêvaient les plus optimistes, l'ensemble de l'Allemagne – échapperaient à l'implacable tutelle soviétique qui commençait à s'abattre sur les territoires conquis par l'Armée rouge en Europe centrale et orientale. Mais après l'affaire Ostrowski, l'URSS, exerçant à répétition son droit de veto au sein de la *Kommandatura*, continue à multiplier brimades et vexations à l'encontre de cette autorité municipale librement désignée, qui a le grand tort aux yeux des représentants du Kremlin de n'être pas dominée par les communistes, tant s'en faut.

Cela se manifeste en particulier dans un domaine hautement symbolique : en dépit des traités, le secteur oriental de Berlin – rappelons qu'on ne dit pas encore Berlin-Est – se trouve de plus en plus assimilé à la zone d'occupation soviétique de l'Allemagne – qui, de même, ne s'appelle pas encore la RDA. Ce glissement ne frappe pas nécessairement, dans l'instant, l'homme de la rue : on est encore dans un système où la circulation entre les quatre secteurs, y compris donc pour sortir de celui que tiennent les Soviétiques ou pour y entrer, reste facile. Mais il est clair que Staline n'a aucunement renoncé, quoi qu'il ait pu signer personnellement ou par mandataires interposés, à faire de Berlin tout entier, au cœur de « son » Allemagne, un élément-clé de son glacis de protection face à l'Ouest.

En outre, et ceci découlant d'ailleurs de cela, il devient plus compliqué, pour les Berlinois des trois secteurs occidentaux, de se rendre dans les zones d'occupation française, anglaise ou américaine de l'Allemagne – lourde périphrase pour désigner, bien sûr, ce qui ne va pas tarder à devenir la RFA. D'ailleurs, sur ce terrain, en janvier 1947 les Britanniques et les Américains, parlant à tous égards la même langue, ont fait fusionner lesdits secteurs d'occupation de la future Allemagne fédérale en une « bizone économique ». La France s'y joindra l'année suivante pour former une « trizone » qui sera, bien entendu, l'ancêtre de la RFA.

D'autres événements européens contribuent à irriter les Russes, et probablement à les convaincre qu'il va falloir « marquer le coup » contre les Occidentaux, à commencer bien sûr par les États-Unis, par une initiative spectaculaire. Ainsi de l'engagement américain en Grèce, un État qui émerge tout juste d'une guerre en principe civile mais où Staline, Tito et les Alliés ont joué un rôle actif quoique indirect – et en Turquie. Un pays-clé, qui possède un bon millier de kilomètres de frontières communes avec l'URSS, et où l'armée américaine installera d'ailleurs plus tard, outre la vaste base aérienne d'Incirlik, au sud, qui sera construite en 1951, deux ans à peine après la création de l'OTAN, tout un dispositif radar chargé de la surveillance de l'espace aérien et des télécommunications des Républiques causasiennes soviétiques.

Il y a aussi le lancement, encore théorique, du Plan Marshall, le 5 juin 1947, qui exaspère d'autant plus Moscou que manifestement certains de ses pays satellites, pour ne pas dire tous, auraient bien aimé pouvoir en bénéficier à l'égal des pays ouest-européens. Même si seule la Yougoslavie de Tito ose alors le dire à voix haute, avant d'être sèchement rappelée à l'ordre par Staline. Il est vrai que Belgrade s'apprête à rompre avec le Kominform : ce sera chose faite un an plus tard.

En outre, il devient clair que l'aide économique des États-Unis au redémarrage d'une Europe à tous égards ruinée par la guerre, mais que seuls les États occidentaux du continent seront finalement libres d'accepter même si, dans un premier temps, *toute* l'Allemagne peut en bénéficier dans l'esprit des Américains, risque fort de transformer la partie occidentale du territoire germanique occupé – et peut-être bien l'ouest de Berlin, commence-t-on à se dire – en une vitrine du capitalisme face à celle, vouée à devenir sensiblement moins attirante, du socialisme à la mode de Moscou. Raison de plus pour les Soviétiques, donc, de tenir à l'œil cette ville à l'intérieur de laquelle pourraient s'afficher les plus désobligeants contrastes...

Il y a, enfin, au confluent de toutes ces tensions montantes, l'échec de la Conférence de Londres en novembre-décembre 1947. Pas plus que lors de celle qui s'était réunie à Moscou quelques mois plus tôt, les ministres des Affaires étrangères des quatre puissances victorieuses – le Français Georges Bidault, le Britannique Ernest Bevin, l'Américain George Marshall (celui du Plan, justement) et le Russe Molotov, le cosignataire du fameux pacte germano-soviétique avec

Ribbentrop ! – ne parviennent à s'entendre sur l'avenir de l'Allemagne, et donc de Berlin.

La césure du pays comme de la ville semble désormais inévitable ; du moins reste-t-il, pour les Soviétiques, à la matérialiser. Et à mettre un terme à ce qui, au tournant de 1948, est clairement devenu une fiction : la cogestion de Berlin par les quatre puissances. Sans doute, il est vrai, fallait-il beaucoup d'optimisme, voire une part d'utopie, pour imaginer l'Est et l'Ouest, dans le climat d'intense rivalité naissante qui s'instaurait entre eux dans l'ensemble du monde, trouvant dans la capitale de leur ancien ennemi commun les voies et moyens d'un partage du pouvoir, fût-il cahoteux et même à l'occasion conflictuel : en fait de partage, c'est celui du *territoire* qui a prévalu, et toutes les conséquences en seront bientôt tirées.

La première est que le 20 mars 1948, le maréchal Sokolovski, sur ordre du Kremlin bien sûr, se retire du Conseil de contrôle qui réglait entre les quatre puissances les questions matérielles liées à l'occupation de Berlin. Cet organisme avait certes déjà été le théâtre et l'enjeu de mille escarmouches diplomatiques, et d'autant de petites paralysies mutuelles ; mais il avait le mérite de maintenir une certaine coordination. Désormais, il va falloir s'en passer.

Et les Soviétiques en profitent pour multiplier les tracasseries à l'égard du personnel des trois puissances occidentales transitant par la zone soviétique, en dépit des accords précédents, ce qui n'est encore qu'agaçant, mais aussi les restrictions de circulation des marchandises entre la trizone et Berlin. Plus aucune marchandise, par exemple, ne peut quitter les secteurs occidentaux de la ville par le rail. C'est ce que l'on appellera plus tard le « petit blocus », par opposition avec ce qui va se produire ensuite.

Car on n'en reste pas là. Le 20 juin, le Deutschemark est introduit dans la trizone, en remplacement de la monnaie d'occupation créée en urgence en 1945, à la fois pour en retirer l'excédent monétaire, manifester que la production industrielle allemande repart sur des bases saines et contrôlées, et éliminer le marché noir qui prospère dans ce pays que sa résurrection économique encore timide n'empêche pas de manquer de tant de choses. L'Occident voudrait que cette réforme monétaire majeure s'étende également à Berlin ; mais les Soviétiques refusent sèchement, de sorte que seuls les secteurs ouest de la ville seront concernés, et que bientôt deux monnaies différentes vont y circuler.

Et ils font plus que refuser : en représailles, ils bloquent tous les accès à Berlin à travers leur zone d'occupation, par fer, par canaux aussi, ce qui dans le cas de l'ancienne capitale du Reich n'est pas du tout négligeable, et par route. Ils coupent en outre l'alimentation électrique de la partie ouest de la ville, du moins la part – importante – qui y arrive en provenance de leurs propres centrales. Toutes ces dispositions violent les accords quadripartites, qui supposaient notamment la mise en commun des ressources et la liberté de circulation…

Brièvement, on peut croire qu'un grave accident entre un chasseur russe et un appareil britannique, qu'il percute sur l'aéroport de Gatow (anglais lui aussi, mais qui fut brièvement soviétique en 1945), en faisant quinze morts, va paradoxalement conduire à calmer le jeu et à lever ces mesures. Il n'en est rien pourtant. Le 24 juin, la partie occidentale de Berlin inaugure en quelque sorte sa carrière de ville encerclée, ce qu'elle n'était jusqu'à présent que théoriquement – et qu'elle deviendra bien plus encore, d'une certaine façon, avec la construction du Mur.

Les autorités occidentales ripostent en mettant en place un contre-blocus, qui interdit toute circulation de marchandises entre la trizone et Berlin-Est, ou même toute livraison à la zone d'occupation soviétique en général. C'est plus pénalisant qu'on ne le croirait aujourd'hui, car si l'Armée rouge reste évidemment libre d'approvisionner « son » Berlin, que sa zone entoure et où elle est chez elle, il lui faut tout de même trouver du charbon, vital à l'époque et qui, en Allemagne, se trouve à l'Ouest. Il est vrai que la Pologne, elle, n'en manque pas, et puis que le lignite abonde dans l'Est, en Basse-Lusace et dans la région de Leipzig. De toute façon, en fait de blocage réciproque, les termes de l'échange, si l'on ose dire, sont très inégaux, et les Américains, en particulier, considèrent qu'ils ne peuvent laisser Staline se comporter ainsi sans réagir fermement et massivement.

Le problème est que forcer militairement le blocus pourrait avoir d'incalculables conséquences, en ayant, de surcroît, pris aux yeux du monde, même en étant l'agressé, la posture de l'agresseur, c'est-à-dire de celui qui, formellement, aura pris l'initiative de l'ouverture du feu. L'idée un instant avancée par le général Lucius Clay, gouverneur militaire américain en Allemagne, de lancer une colonne blindée sur Berlin, à travers la zone soviétique, est rapidement écartée par Londres et par Washington.

On cherche en fait une façon de combattre l'encerclement décrété par le Kremlin sans se lancer dans une offensive dont on voit trop bien quel diabolique et fatal engrenage elle risquerait d'enclencher : ni l'Amérique ni moins encore l'Europe ne sont prêtes à risquer une troisième guerre mondiale pour Berlin. Mais abandonner la ville à son sort constituerait un symbole redoutable.

L'idée pointe, chez les Alliés, de mettre en place un pont aérien pour ravitailler la ville, au départ d'aéroports alliés de la triple zone occidentale, et en survolant, donc, celle des Soviétiques, tout le temps qui sera nécessaire à ceux-ci pour comprendre que leur blocus n'a aucune chance de venir à bout de la résolution des puissances de l'Ouest de défendre les Berlinois. Il s'agira d'une opération très lourde, très coûteuse car si on la veut utile à la population le flux d'avions doit être incessant, et dangereuse : pour des raisons techniques bien sûr, mais aussi sur le plan militaire puisque les Soviétiques peuvent très bien abattre les appareils de ravitaillement américains. Du moins, s'ils le font, auront-ils alors pris, et eux seuls, la responsabilité d'une nouvelle guerre.

Clay est un peu dubitatif quant à ce qu'on appellerait de nos jours la faisabilité d'un tel projet : ce sont tout de même 2 millions de personnes à qui il va falloir apporter tout, absolument tout, par la voie des airs, avec des aéroports en pleine ville et des appareils qui, à l'époque, sont loin d'avoir la capacité d'emport et la fiabilité technologique des transporteurs lourds d'aujourd'hui ! Mais en bon soldat, il lance aussitôt les opérations. Après avoir, tout de même, interrogé par téléphone le maire de Berlin, Ernst Reuter, sur l'état d'esprit de la population ; laquelle, lui est-il répondu, espère une aide d'urgence des Alliés et est tout à fait prête à accepter les sacrifices inévitables engendrés par cette période exceptionnelle.

Le 25 juin, le général appelle aussi son collègue Curtis Le May, chef de l'US Air Force en Europe pour s'assurer que l'arrivée des avions, techniquement, peut commencer dès le lendemain. Le même jour, de la Maison Blanche, le président Harry Truman donne son feu vert. Et pour faire bonne mesure, on associe à la direction des opérations un troisième général, Albert Coady Wedemeyer, responsable de la planification des missions de l'armée américaine et qui se trouvait justement en tournée d'inspection en Europe au moment où la crise a éclaté.

Wedemeyer est un adepte convaincu de la technique du pont aérien : le hasard a fait que durant la Seconde Guerre mondiale, faisant fonction de chef d'état-major de Tchang Kaï-chek, il ait pu mesurer l'efficacité de celui qui a ravitaillé les troupes chinoises par-dessus l'Himalaya. Il appelle d'ailleurs à ses côtés un autre officier de haut rang qui a vécu la même expérience, le lieutenant général William Tunner, qui a dirigé le transport aérien militaire en Asie du Sud-Est. Cette fois-ci, tous les préparatifs sont bouclés. Le 26 juin 1948 à l'aube commence la plus vaste et surtout la plus longue opération de ce type jamais lancée dans l'histoire politico-militaire mondiale.

Ce pont aérien mérite que l'on s'y arrête, parce qu'il va marquer, dans l'histoire du Mur de Berlin, à la fois une préfiguration, une sorte de répétition générale, et, du fait de son succès, un répit incontestablement bienvenu, mais trompeur. Il aura aussi pour conséquence d'ancrer très durablement dans le cœur de l'immense majorité des habitants de la ville (du moins de Berlin-Ouest, comme il va falloir s'habituer à dire), non pas nécessairement une fidélité éternelle à la politique des États-Unis, bien sûr, mais du moins une gratitude historique sans faille à leur égard.

Et à celui du Royaume-Uni, car la Royal Air Force, dont les Allemands n'ont évidemment pas un très bon souvenir en 1948, y prend une part active, avec également de nombreux pilotes venus de tout le Commonwealth d'alors. Ainsi, d'ailleurs, que des pilotes français, mais presque toujours sur des appareils alliés car leurs propres avions, jugés trop lents à l'époque, ont été rapidement écartés – et puis, Paris en a malheureusement besoin en Indochine... Mais il y aura tout de même 424 vols entièrement organisés par la France, notamment pour desservir sa propre garnison, avec des Junker allemands, qui sont des prises de guerre. Plus globalement, les Berlinois de l'Ouest en conserveront un très fort sentiment d'appartenance à l'Occident, même et surtout lorsqu'ils en seront de nouveau séparés matériellement.

Ces considérations psychopolitiques ne doivent cependant pas faire oublier que techniquement, le pont aérien de 1948-1949 reste, surtout avec les moyens de l'époque, une incroyable performance. Par sa durée, sans aucun doute : tout compris, 462 jours, dont 324 de phase critique ! Mais aussi par l'ampleur des moyens matériels et humains mis en œuvre. Hommage d'un connaisseur : le projet allié sembla si insensé à Staline, et si absurdement irréalisable, en tout cas au-delà de quelques jours, qu'il fut tout d'abord persuadé qu'il s'agissait d'un bluff.

On demeure inévitablement saisi par l'avalanche de chiffres. Pour n'en citer que quelques-uns parmi les plus significatifs, disons que l'opération a représenté très exactement 278 228 vols, soit quelque 600 par jour (un toutes les deux minutes trente en rythme que l'on n'ose appeler « de croisière », de jour comme de nuit, absolument par tous les temps !) permettant le transport de 2,5 millions de tonnes de marchandises en tout genre – le cap du premier million de tonnes ayant été franchi, et dûment célébré, en février 1949, moins de sept mois après le début du pont aérien. Cela dit, on avait calculé que Berlin, idéalement, aurait besoin d'environ 12 000 tonnes d'approvisionnement par jour, mais qu'au prix de sévères restrictions la population pourrait tenir avec 5 000 tonnes, dont… beaucoup de charbon ! Le « pont » reste aussi, dans l'histoire du transport aérien, la seule expérience de livraison en continu d'une matière aussi pondéreuse par la voie des airs ; et cela n'aura rien de marginal puisqu'en poids, la houille représentera plus des deux tiers du total.

Par chance, l'hiver 1948-1949 sera relativement clément, et puis la ville dispose d'une réserve stratégique de charbon d'environ 45 jours (et 35 jours de vivres) lorsque l'opération commence. Heureusement, d'ailleurs : malgré un démarrage aussi fort que possible, on n'en est encore qu'à environ 1 400 tonnes livrées quotidiennement en moyenne durant le mois de juillet, et le chiffre de 4 650 tonnes par jour ne sera atteint qu'à l'automne. Il est vrai que plusieurs facteurs matériels rendent délicate la tâche des organisateurs, et bien entendu des équipages.

Il y a d'abord la question des couloirs aériens. Heureusement, l'URSS ne cherche pas à remettre en cause cette disposition des accords quadripartites, qui prévoient pour les Alliés trois corridors de survol de la zone d'occupation soviétique de l'Allemagne entre la frontière de la trizone occidentale et Berlin-Ouest. C'est énormément mieux que rien, mais cela reste une desserte complexe, avec l'obligation de voler relativement bas (3 000 mètres, afin de ne pas pouvoir faire de photos aériennes d'une bande large de territoire, disposition qui restera en vigueur pour les compagnies civiles occidentales jusqu'à la chute du Mur !) et de ne s'écarter sous aucun prétexte du tracé défini par traité. Concrètement, il y en a trois : l'un vers le nord de la future RFA, en gros la région de Hambourg, l'autre plus au centre et le troisième vers le sud.

Les Alliés évitent naturellement les kilomètres superflus alors que leurs appareils décollent en étant déjà lourdement chargés, et utilisent leurs bases militaires proches de la ligne de démarcation interallemande. Mais surtout, certaines dispositions sont prises, du moins à partir du moment où le général d'armée aérienne américain Tunner prend les choses en main de son QG de Wiesbaden, pour rationaliser et accélérer les rotations. Lesquelles n'auront jamais été si bien nommées puisqu'il s'agira désormais d'un circuit à parcourir toujours dans le même sens : les Américains vont à Berlin par le couloir sud, les Britanniques par le couloir nord, et tous reviennent à leurs bases respectives par celui du milieu, à des altitudes et des vitesses définies à l'avance et sans, donc, se croiser jamais.

Les avions, en outre, doivent rester au sol moins d'une demi-heure à chaque fois, le temps de refaire le plein de carburant et de vivres, au départ, et de décharger la marchandise transportée, à l'arrivée dans les aéroports de Tempelhof, en pleine ville, et de Gatow, qui est alors en chantier de rénovation. Bientôt s'y ajoute celui de Tegel, construit par une unité du Génie du secteur français, très activement secondée par des volontaires de la population berlinoise, en quarante-neuf jours, avec des bulldozers qui arrivent, vol après vol, en pièces détachées ! Soit dit en passant, les aéroports de départ, en zone occidentale de l'Allemagne, donc, sont eux aussi agrandis et modernisés, en particulier ceux de Wiesbaden et de Francfort pour les Américains, à Wietzenbruch, Fassberg et Wunstorf pour les Britanniques, avec de bonnes connexions ferroviaires et routières pour acheminer quotidiennement les marchandises qui doivent être embarquées par des équipes très performantes sur les avions à destination de Berlin.

Chaque pilote n'a droit qu'à une tentative pour se poser, et rentre à sa base de l'Ouest en cas d'échec : derrière lui, les appareils suivants se suivent à cent cinquante secondes les uns des autres, de sorte que sa réinsertion dans le trafic serait trop dangereuse, et d'ailleurs ingérable par la tour de contrôle. L'approche et, surtout, la finale sont méthodiquement compliquées par les forces aériennes soviétiques, qui s'ingénient à venir frôler les avions occidentaux, cependant que du sol de très puissants projecteurs sont braqués sur les pilotes pour les éblouir.

Il y a aussi la question des avions eux-mêmes. Les deux grands héros mécaniques de cette opération aérienne à nulle autre pareille seront sans conteste, les passionnés d'aviation en parlent encore soixante ans après avec émotion, les Douglas C-47 et C-54. Le premier est plus connu sous le nom de *Dakota* ; c'est un brave bimoteur à pistons qui vole depuis 1935 et peut emporter plus de 4,5 tonnes sur plus de 2 000 kilomètres ; très maniable, increvable, il est par excellence l'avion de toutes les missions de transport, de troupes ou de matériel, et il a pris une part importante au Débarquement du 6 juin 1944. Le second, dit *Skymaster*, est un quadrimoteur, plus puissant, plus récent, sensiblement plus lourd et plus sophistiqué, avec un rayon d'action de l'ordre du triple, mais un peu moins rapide. Au total, deux appareils de légende, dont certains exemplaires ont continué de voler jusque dans les années soixante-dix.

Il faut, en bonne justice, y ajouter deux avions britanniques. D'abord l'*Avro York*, un avion encore plus moderne pour l'époque, plus vaste et plus puissant, et qui aura notamment l'honneur de transporter, en plein blocus, l'orchestre philharmonique de Berlin au grand complet avec tous ses instruments. Et puis ce gros hydravion connu sous le nom de *Short Sunderland*, à grande capacité d'emport et qui, outre qu'il permet d'utiliser comme pistes d'atterrissage et de redécollage les plans d'eau de Havel et de Grosser Wannsee (du moins jusqu'à ce que la glace l'en empêche un moment, en décembre), soulageant ainsi d'autant les terrains des secteurs occidentaux, passe pour être le seul appareil susceptible de transporter certaines matières corrosives, à commencer par… le sel, puisqu'il a été traité spécialement pour pouvoir se poser en mer.

Il y a, enfin, la dimension humaine du pont aérien. Sur les centaines de pilotes qui y ont participé, 40 Britanniques et 31 Américains seront tués, ainsi d'ailleurs que quelques habitants, dans des accidents que la volonté d'assurer une desserte par tous les temps et à un rythme effréné rend inévitables, surtout dans un environnement aussi urbain que celui des aéroports de Berlin. Avec le recul, on peut même considérer que sur tant de décollages et d'atterrissages, c'est miracle qu'il n'y en ait pas eu davantage… Et parmi ceux qui sont sortis indemnes de cette opération gigantesque et épuisante – les pilotes font en quelque sorte les « trois huit » : huit heures de vol au total par jour, huit heures au sol (mais souvent en restant à bord, ou en tout cas sur la base aérienne puisque le redécollage n'est pratiquement jamais distant de plus d'une demi-heure), et huit heures de sommeil – certains en ont été marqués à jamais.

Ainsi de l'*Air Captain* Jack O. Bennett, qui avait été de la première vague, fin juin 1948, et qui assura jusqu'à l'ultime fin, quelques mois après la levée du blocus, pour des raisons de sécurité et d'urgence, la poursuite de ses missions aériennes sur Berlin, pas moins de 650 au total. Un record absolu parmi ces hommes dont aucun, pourtant, ne mesura sa fatigue, ni les risques encourus. Bennet finit d'ailleurs, adulé par la population, par s'établir à Berlin, où il est mort, à 86 ans, en septembre 2001. On a donné son nom à un *Dakota* de l'époque, qui fit son dernier vol, lui, purement folklorique cette fois-ci, bien sûr, pour la fermeture de l'aéroport de Tempelhof, devenu par trop obsolète, en octobre 2008 – évidemment, pour beaucoup, un grand moment de nostalgie…

Le pont aérien a aussi, durant tous ces mois d'angoisse, son folklore, et ses petits plaisantins qui s'appliquent, entre deux actes de bravoure, à détendre l'atmosphère. C'est d'autant plus important que si les pilotes en ont besoin, la population civile aussi. Certes, elle voit bien qu'on se mobilise pour l'aider. En fait, son image en sera même changée radicalement et pour toujours : vus de l'Ouest, les Berlinois passent en quelques semaines du statut d'anciens ennemis encore vaguement suspects à celui de victimes des visées impérialistes de Staline. Mais ils peuvent aussi se demander combien de temps durera ce pont aérien qui permet de contourner, ou plutôt de survoler, le blocus soviétique, et comment finira cet épisode particulièrement angoissant de l'après-guerre.

Certains pilotes se sont fait une spécialité de ces « animations », comme on ne dit pas encore, à l'occasion de leurs atterrissages. Celui qui semble avoir lancé la mode des distributions de friandises aux enfants, non pas au sol mais du cockpit, durant le survol de la ville à basse altitude juste avant l'atterrissage, est l'Américain Gail Halvorsen, qui est aujourd'hui un quasi-nonagénaire toujours très alerte. Surnommé *Candy Bomber* (le « Bombardier de confiserie »), il avait tout d'abord eu l'idée de lancer des poignées de bonbons, mais « ça tombait un peu n'importe où, explique-t-il, alors on s'est mis, avec les copains, à fabriquer des petits parachutes avec des mouchoirs, pour que les gosses repèrent bien ce qui leur était destiné ».

Halvorsen a gardé son uniforme de l'époque, et autour du cou le petit foulard rouge qu'il arborait alors – ce qui n'était d'ailleurs pas la seule liberté qu'il prenait avec le règlement puisque, pour signaler à son jeune public qui l'attendait aux abords du seuil de piste de Tempelhof que c'était bien Candy Bomber qui était en finale, il avait l'habitude de faire osciller son avion de droite et de gauche en jouant des commandes. À un certain degré de courage tranquille, l'Histoire peut bien s'accommoder d'un rien de cabotinage… En tout cas, la mode se répand si vite que les avions ravitailleurs sont bientôt surnommés par les Berlinois les *Rosinenbomber* (les « Bombardiers de raisins secs »).

Au sol, la vie pendant le blocus prend inévitablement, malgré l'engagement des pilotes alliés, des allures de rationnement. On réintroduit d'ailleurs les cartes d'alimentation, qui venaient tout juste de disparaître avec le plus gros des restrictions liées aux suites de la guerre, ce qui ne sape pourtant pas trop le moral de cet « arrière » berlinois si particulier, qui est en même temps, et bien malgré lui, aux avant-postes de la guerre psychologique entre l'Est et l'Ouest. On utilise les espaces verts pour planter des légumes, les forêts alentour subissent de terribles saignées destinées à fournir du bois de chauffage et de charpente, l'électricité est chichement distribuée. Et malgré toutes les précautions sanitaires prises, la mortalité due à la malnutrition, ainsi qu'à la tuberculose, augmente sensiblement, sans prendre tout de même jamais l'allure d'une véritable épidémie.

Le blocus a aussi des conséquences économiques et surtout sociales paradoxalement heureuses pour les Berlinois. Le chômage, par exemple, est incroyablement bas compte tenu des circonstances (moins de 4 pour cent de la population active), car faute d'approvisionnement énergétique suffisant, les entreprises ont besoin de davantage de main-d'œuvre. Et les vols de retour des avions alliés permettent de faire sortir de Berlin une certaine quantité de produits manufacturés, fièrement estampillés du label : « *Made in blockaded Berlin* » ! (« Fabriqué dans Berlin victime du blocus ») Il n'y aura pas là de quoi faire fonctionner à plein régime une industrie lourde, certes, mais tout de même, au total, 16 000 tonnes sont ainsi « exportées » vers le reste de l'Allemagne occidentale.

De guerre lasse, si l'on peut dire puisque précisément l'astuce du pont aérien a permis de l'éviter – même si, en juillet 1948, l'accumulation des Boeing B 29 *Superforteresse* sur des bases américaines de Grande-Bretagne a fait brièvement craindre au Kremlin des préparatifs de bombardement nucléaire –, Staline lève le blocus, très précisément le 12 mai 1949 à zéro heure.

Aussitôt, les autoroutes qui desservent Berlin à travers la zone d'occupation soviétique de l'Allemagne se peuplent d'un flot ininterrompu de véhicules en tous genres, à commencer bien sûr par des camions lourdement chargés. Les premiers, en provenance de la base britannique de Helmstedt, près de Hanovre, arrivent dans l'ancienne capitale à 1 h 46 du matin, sous les vivats de centaines de personnes. Et quand le jour se lève, une immense manifestation de joie populaire se forme spontanément, avec un slogan où le soulagement semble se panacher d'une pointe de défi : « *Hurrah ! Wir leben noch !* » (« Hourra ! Nous sommes toujours vivants ! »).

Mais pendant le blocus, les négociations politiques, en fait, n'ont jamais cessé. Et l'on ne saurait dire que l'URSS se tire avec avantage de cette opération dont son nouveau tsar escomptait sans doute la liquidation à son profit de la « question berlinoise ». C'est même tout l'inverse qui est vrai.

D'abord sur place, et c'est bien ce qui rend l'aventure du pont aérien si essentielle à la compréhension de celle du Mur. Le blocus a en quelque sorte officialisé la césure politique de la ville. Deux administrations municipales ont été mises en place pour faire face à des problèmes qui étaient, d'un côté et de l'autre, fort différents – encore que le contre-blocus occidental ait également pénalisé l'ensemble de la future RDA, notamment privée du charbon de la Ruhr, au point que ses habitants allemands seront eux aussi fort soulagés de la fin de l'isolement soviétique imposé à Berlin-Ouest.

Ensuite, on l'a dit, le blocus et le pont aérien ont forgé une solidarité entre la population berlinoise et l'Occident, Américains en tête, qui ne se démentira plus jamais pour l'essentiel, malgré les grandes manifestations d'extrême gauche de 1967 et le pacifisme de la période dite « des euromissiles » (en gros, de 1977 aux élections de 1983). Les troupes d'occupation des secteurs occidentaux n'étaient déjà plus tout à fait perçues comme telles : elles deviennent désormais très explicitement des troupes de protection.

Mais ce changement de regard a aussi lieu chez les puissances occupantes elles-mêmes : cette première crise majeure de Berlin, en 1948-1949, aide tout l'Occident à comprendre que la ville est désormais à la fois le théâtre et l'enjeu d'une rivalité majeure, emblématique, avec l'Est. Et que l'ancien vaincu, même et surtout dans ce qui fut la capitale et le dernier refuge de Hitler, est désormais, plus encore qu'un allié, un protégé obligé. De ce point de vue-là aussi, Staline n'a pas fait un très bon calcul.

Toujours au chapitre du passif, vu de Moscou : la signature, le 4 avril 1949, donc encore en plein blocus, du Traité de l'Atlantique Nord, qui se dotera peu après d'une importante structure de coopération stratégique, l'OTAN, institutionnalisant en quelque sorte la communauté de défense entre Américains, Canadiens et Européens de l'Ouest – sans les Allemands, à l'époque, pour de compréhensibles raisons. La création de l'Organisation avait d'ailleurs déjà été précédée, un an plus tôt, par celle de l'UEO (Union de l'Europe occidentale), elle aussi à vocation militaire, entre les trois pays du Benelux – Belgique, Pays-Bas, Luxembourg –, le Royaume-Uni et la France.

Même s'il ne s'agit pas d'une réponse directe, ni surtout exclusive, au blocus de Berlin, la naissance de l'Alliance atlantique est évidemment représentative de la dégradation du climat qu'a sensiblement accéléré la fermeture des accès à la ville par l'Armée rouge. Certes, dans la foulée sera symétriquement constitué le Pacte de Varsovie – qui n'aura finalement jamais à combattre ou menacer que… certains de ses pays membres, et permettra même, en 1968, le retour de troupes (est-allemandes) en Tchécoslovaquie, trente ans après l'invasion hitlérienne… Mais ces mouvements diplomatico-stratégiques ont lieu alors que l'Union soviétique aurait encore eu besoin d'un peu de temps, en particulier pour afficher sa maîtrise de l'atome militaire. Ce sera chose faite très bientôt, il est vrai, le 29 août suivant, avec le tir de la bombe RDS-1 de 22 kilotonnes au polygone nucléaire de Semipalatinsk, dans le Kazakhstan.

Et puis, les Occidentaux ont, en septembre 1948, donc durant la crise, réussi à mobiliser vaille que vaille le Conseil de sécurité des Nations unies, malgré l'opposition de Moscou, et devant le refus de Staline et de

Molotov de faire la moindre concession sur Berlin. Naturellement, le veto soviétique empêchera l'adoption du projet de résolution préparé par les Américains, les Britanniques et les Français, mais la question est tout de même débattue au cœur de ce forum international alors tout neuf, ce que souhaitait éviter l'URSS.

Laquelle est en outre conduite à installer un gouvernement de son cru à Berlin-Est le 30 novembre de la même année, reniant ainsi très publiquement ses engagements quadripartites. Ce qui n'émeut guère le monde en dehors des chancelleries… et des Allemands, mais va tout de même, du coup, laisser les mains libres aux Occidentaux pour organiser eux aussi à leur guise, et en évidents vainqueurs de cette épreuve de force, « leur » Berlin.

Au sortir de ce blocus et du Pont aérien, les Berlinois de l'Ouest peuvent donc s'estimer, sinon pleinement rassurés quant à leur avenir à moyen ou long terme, du moins certains que l'Occident ne les laissera jamais tomber entre les mains de Moscou. La fonction symbolique de la ville, et de sa liberté, a été affirmée avec une force à laquelle on ne s'attendait pas nécessairement, compte tenu de son statut de capitale vaincue quelques mois plus tôt encore. Le partage de la ville, désormais officiel, annonce et précède de quelques jours seulement celui d'une Allemagne dont il devient de plus en plus évident qu'elle ne peut pas, ou plus, être soumise à un commandement unique négocié entre ses quatre vainqueurs.

Bref, il y a très clairement, dans l'alors très jeune histoire du Berlin des lendemains de la Seconde Guerre mondiale, un avant et un après. Et cet « après », malgré la persistance des périls, ne semble pas si sombre à beaucoup. Sans doute parce que le sentiment qui domine est le soulagement ; et aussi, chez les Berlinois de l'Est, l'envie de venir s'établir à l'Ouest. Ce qui redevient facile, et va d'ailleurs provoquer un tel afflux de main-d'œuvre que paradoxalement, la situation sociale de la ville, dont on a vu qu'elle s'était plutôt bien trouvée des contraintes nées du blocus, se dégrade avec le retour à la (relativement) libre circulation. Au point que Konrad Adenauer, devenu le premier chancelier de la nouvelle République fédérale d'Allemagne, créera un impôt spécial de solidarité pour venir en aide aux Berlinois, le *Notopfer Berlin*, qui restera en vigueur jusqu'au printemps 1952.

Mais ces difficultés, bien réelles, ne font pas trop douter de la suite. Surmontée, la terrible épreuve du blocus a, d'une certaine façon, soldé les derniers comptes de la guerre, et contribué à faire de Berlin une grande ville d'Occident. La suite de l'Histoire, pourtant, sans démentir pour l'essentiel le fond du constat optimiste des Berlinois de l'Ouest, puisque leur ville, en effet, ne sera jamais soviétisée de force, va se charger d'apporter, et très rapidement, nombre de désillusions et de nouvelles alarmes, dont la construction du Mur sera évidemment le point culminant.

# Chapitre III

## *La marche au Mur*

Au sortir du blocus, avec un pont aérien qui continue encore à « tourner » quelques mois mais dans un climat et à un rythme tout différents de ce qu'il vient de connaître, et à seule fin de compléter un approvisionnement qui a repris d'urgence par voie terrestre car la crise semble réellement surmontée, plutôt victorieusement pour les Occidentaux, voici donc la ville divisée dans une Allemagne divisée. La RFA, à l'ouest, et la RDA, à l'est, créées l'une et l'autre à l'automne 1949, reprennent très exactement les zones occidentales d'occupation pour la première, la soviétique pour la seconde. À une notable différence près : Berlin, justement.

Certes, les Américains, les Britanniques et les Français y conservent leurs secteurs respectifs, lesquels sont d'ailleurs de plus en plus fusionnés. Mais Berlin-Ouest ne fait pas constitutionnellement partie de la République fédérale. Et cela comportera, jusqu'à la chute du Mur, un certain nombre de singularités, électorales, parlementaires, fiscales, protocolaires… Et aussi au regard du service militaire, qui n'existera pas dans la partie occidentale de la ville, même après la création de la Bundeswehr en 1955, et cela aussi longtemps que le Mur ne sera pas tombé. Ce qui la peuplera d'ailleurs d'objecteurs de conscience et autres jeunes gens soucieux d'échapper pour des raisons variées à tout passage sous les drapeaux.

Les lois votées par le Bundestag et le Bundesrat ne pourront être appliquées à Berlin-Ouest, et sans qu'il y ait d'automatisme à cet égard, que si elles y sont formellement étendues par les élus locaux, en vertu de ce qu'on appellera le *Mantelgesetz* (« Loi de couverture »). Durant toutes ces années, en outre, tout déplacement d'un ministre de la RFA, à plus forte raison d'un chancelier, à Berlin-Ouest, sauf à être accompagné par le numéro un de l'une des puissances occupantes occidentales, fera l'objet d'une note de protestation du gouvernement est-allemand.

Lequel, lui, a tranquillement été installé par les Soviétiques, dès 1949 et au mépris des traités, à Berlin-Est. Les Alliés, eux aussi, multiplient les protestations et autres démarches diplomatiques, et continueront longtemps à ne parler officiellement que du « gouvernement de Pankow », mais tout à fait en vain. Et c'est d'ailleurs à Berlin-Est, promu simplement, on l'a dit, *Berlin, Haupstadt der DDR* (« capitale de la RDA ») sans mention de cette localisation orientale, donc, qu'ils installeront leurs ambassades lorsque les relations diplomatiques se normaliseront.

Donc, cette séparation de la ville en deux, reflet microcosmique et singulier du pays, de l'Europe et même du monde, comme on commence à s'en rendre compte, prend avec le tournant des années cinquante un caractère qu'elle ne perdra plus qu'à la réunification de l'Allemagne – et encore, dans les réalités économiques et sociales comme dans les têtes, pourra-t-on voir alors que la chose ne va pas tout à fait de soi. Berlin se croit à peu près délivrée mais s'installe en fait dans un ensemble de particularités qui, en une décennie, vont la conduire à cette épreuve autrement plus redoutable et plus durable encore que ne l'a été le blocus : la construction du Mur. Comment va-t-on en arriver là ?

Ce que l'on pourrait appeler aujourd'hui la « marche au Mur » n'est pas, ni ne sera à peu près jamais, une véritable « course dans le mur », ni une progression politiquement rectiligne. Ce qui va se forger durant ces années, après tout assez longues, qui séparent la fin du blocus au printemps 1949 de cette funeste nuit d'août 1961 où est lancée sa construction, c'est une succession d'étapes, de crises et d'arrangements, dans un climat global de montée de la tension, certes, mais avec suffisamment de hauts et de bas pour que l'issue finale conserve son caractère de dramatique surprise.

Dès le 6 septembre 1948, donc encore au moment du pont aérien, une tentative de réunion, dans la nouvelle mairie est-berlinoise, des représentants de l'ensemble du « Grand Berlin », a tourné court après que les Soviétiques ont envoyé une section de militants du parti communiste prendre d'assaut le bâtiment, au grand dam des élus occidentaux, et du maire qui est encore, en principe, celui de l'ensemble de la ville, Ernst Reuter, qui a lancé trois jours plus tard une sorte d'appel au secours général : « Voyez dans quelle situation nous nous trouvons désormais ! Ne nous abandonnez pas ! »

Mais on n'en serait encore qu'à une césure politique et administrative, quoiqu'aucun symbole ne soit ici innocent, si la ligne de démarcation entre l'Est et l'Ouest ne commençait de se faire jour, dès avant la fin du blocus et à plus forte raison après. Certes, on est encore très loin de ce que sera le Mur. Mais on n'est déjà plus dans l'aimable désordre qui permettait de contourner en quelques pas, de part et d'autre d'un trait de crayon tiré sur un plan de la ville mais non matérialisé sur son sol, les directives des uns et des autres.

Il faut imaginer, car cela ne rendra l'érection du Mur que plus compliquée dans ses conséquences matérielles, parfois jusqu'à une sorte de surréalisme politique et humain, ce qu'a pu être le Berlin d'avant, entre la fin des hostilités entre l'Allemagne d'une part, les Alliés et les Soviétiques de l'autre, et puis le début du conflit diplomatique entre ces mêmes Alliés et les représentants de l'URSS, relayés par le régime qu'ils forgeaient à l'est du pays et de son ancienne capitale. Curieusement, Berlin reste, alors que le monde et tout particulièrement l'Europe se divisent en deux camps antagonistes pour une quarantaine d'années, non pas une métropole exempte de cette montée des tensions, on va voir que c'est même tout l'inverse, mais du moins, pour des années encore, une sorte de microcosme où le passage entre l'Est et l'Ouest reste relativement facile ; et même, pour des dizaines de milliers de gens qui travaillent de l'« autre côté », quel qu'il soit.

La ligne de démarcation est matérialisée, bien sûr. Des contrôles sont régulièrement effectués, on peut être amené à tout instant à montrer patte blanche lorsque l'on passe d'un côté à l'autre. En cas d'incident, qui relève plus souvent du droit commun que de la politique (un hold-up ou une agression, par exemple), des barrages peuvent être mis en place. Et à l'Ouest, de grands panneaux signalent, dans les différentes langues concernées : « Vous quittez le secteur français », ou anglais, ou américain. Plus pittoresque, et d'un humour involontaire que les officiels soviétiques ne percevront évidemment jamais, aux points d'arrivée dans le secteur oriental s'affiche traditionnellement un écriteau qui, entouré de barbelés, fera longtemps le bonheur des photographes occidentaux : « *Sie betreten das demokratsiche Berlin* » (« Vous entrez dans le Berlin démocratique »).

Mais enfin, si à la Guerre froide des deux superpuissances répondent sur place les escarmouches un peu dérisoires de la propagande et des slogans, y compris lumineux et qui se voient de loin la nuit par-dessus cette ligne encore bien inoffensive qui sépare les deux parties dc la ville, les Berlinois continuent de circuler sans trop de gêne d'un côté à l'autre. Des travailleurs que l'on n'ose encore dire frontaliers passent chaque jour dans les deux sens ; des étudiants aussi : les universités de Berlin-Ouest comptent environ un tiers d'élèves venus de l'Est.

Face aux restrictions qui commencent à s'affirmer dans la moitié orientale de la ville, et à plus forte raison dans l'entourage plus large du secteur occidental puisqu'il constitue une sorte d'île capitaliste en RDA socialiste, les commerces et les spectacles ouest-berlinois proposent des facilités de paiement, des réductions tarifaires. Solidarité nationale encore inavouable pour de longues années et souci plus cynique de gagner de l'argent se conjuguent en l'occurrence. À l'inverse, des habitants de l'Ouest ne dédaignent pas d'aller passer « de l'autre côté », ce qui ne pose aucun vrai problème administratif et coûte tout juste cinq minutes d'attente à un point de contrôle – il en existe alors près de 200 ! – un samedi soir pas cher et bien sympathique, avec juste ce qu'il y faut de frisson sans risque.

Au fond, au début des années cinquante, les Berlinois, après avoir craint le pire, commencent à se dire qu'avec toutes ses anomalies, ses bizarreries, ses imperfections et même ses menaces latentes, le mode de vie auquel ils sont parvenus un lustre après l'anéantissement absolu du Reich n'est finalement pas si insupportable. Bien sûr, il existe pour eux mille contraintes gênantes, mille singularités contrariantes dont le traditionnel humour berlinois fait son miel. Mais la cité se reconstruit, au sens le plus immobilier du terme comme aux sens psychologique et moral.

Les rivalités Est-Ouest se multiplient à cette époque : guerre de Corée, course aux armements, face-à-face de l'OTAN et du Pacte de Varsovie, naissance d'ailleurs sans vrai lendemain de la Communauté européenne de défense (CED), incidents spécifiquement berlinois comme ce nouveau et très provisoire quasi-blocus de janvier 1950 sur l'autoroute Helmstedt-Berlin, sitôt instauré, sitôt levé sans plus d'explications, ou encore les longues coupures d'électricité infligées à Berlin-Ouest l'été suivant. Tout cela ne fait pas l'affaire de ses habitants, qui ont bien des raisons de se sentir otages d'une situation internationale sur laquelle ils n'ont aucune prise. Mais enfin, pour des survivants de l'apocalypse de 1944-1945, cela pourrait être considérablement pire, et à l'Est comme à l'Ouest.

Une première alerte, pourtant, survient lorsque la frontière interallemande, non pas la ligne de démarcation entre les deux Berlin mais celle qui a commencé d'être matérialisée entre la RFA et la RDA, se trouve considérablement renforcée au début de la décennie 1950. Il n'est plus question de la franchir en produisant simplement un papier d'identité : désormais, pour les Allemands de l'Est, il faut exciper d'un motif valable pour se rendre à l'Ouest. Et il n'est plus question de le faire en famille, avec des bagages lourds qui signaleraient une tentative de fuite. La même mesure est rapidement appliquée à l'ancienne capitale : on peut encore passer d'Est en Ouest, c'est entendu, mais un par un, et sans bagages autres qu'un simple sac ou porte-documents.

Ceux qui, faute d'avoir été avertis, se présentent ingénument aux postes de contrôle, durant les premiers jours d'application de ces nouvelles restrictions, avec famille et impedimenta, sont dûment fichés comme « fuyards de la République démocratique » et voient leur titre d'identité frappé d'un sceau d'infamie qui les empêchera de profiter davantage des relatives facilités de circulation intraberlinoise qui existent encore : « Non valable pour Berlin. »

On reste encore, quoique le crescendo puisse avoir quelque chose de préoccupant, dans une logique relativement bénigne par rapport à ce que la domination soviétique commence à appliquer plus brutalement en Europe orientale. Le drame révélateur, l'affaire qui va marquer un tournant très inquiétant, va éclater le 17 juin 1953, une date qui va devenir le nom de l'une des principales avenues de Berlin-Ouest, puis de la ville réunifiée, et qui restera, avant la construction du Mur, comme celle d'un certain « Coup de Berlin » au sens où l'on a pu parler de « Coup de Prague » en 1948 puis en 1968, ou de Budapest en 1956, même si elle ne touche pas réellement, elle, à la structure du pouvoir : elle révèle plutôt, ou confirme, sa vraie nature.

En 1953, le contraste entre l'Est et l'Ouest de l'Allemagne commence à devenir cruel, et celui qui existe entre l'Est et l'Ouest de Berlin ne l'est qu'à peine moins. D'un côté, on assiste sans surprise, ce qui ne signifie pas sans douleur, à la faillite traditionnelle du système socialiste à la soviétique, qui commence à se manifester de façon criante. Et cela d'autant plus que l'occupant, au titre de dommages de guerre compréhensibles mais lourds, a fait main basse, on l'a dit, sur tout ce qui restait susceptible de produire… et d'être emporté.

Même dans le secteur oriental de Berlin, pourtant relié à la partie jadis la plus richement agricole de l'Allemagne, les cartes de ravitaillement contingentent toujours l'alimentation de la population, avec des allocations spéciales pour les seuls cadres du parti communiste. Et cela se sait, alors que tout le monde peut constater qu'à l'Ouest, les magasins abondent, auxquels tout le monde a accès, croulent sous les denrées en tout genre, même s'il faut reconnaître qu'elles ne sont pas toujours bon marché.

En outre, le socialisme s'affiche, au sens propre. Les portraits géants de Staline, de Lénine, de Marx, des dirigeants du SED, voisinent sur les places publiques, et plus que tout sur les lieux de travail, avec des tableaux fixant, pour la classe ouvrière dont le régime est pourtant censé être l'émanation, des normes de production de plus en plus exigeantes, comme aucun patron capitaliste n'oserait le faire. Et des restrictions alimentaires (et aussi concernant l'habillement) toujours plus sévères. Le vice-président du Conseil des ministres de RDA, Heinrich Rau, annonce le 16 juin, une nouvelle élévation de ces normes. Rau est un dur, marqué par un passé dramatique : il a dû fuir le nazisme en 1935, et de son exil moscovite, il a été envoyé en Espagne comme instructeur pendant la guerre civile, est passé en France où il a été arrêté en 1942 par la Gestapo, qui, ignorante de son importance dans l'appareil communiste international, s'est contentée, si l'on peut dire, de l'expédier au camp de Mathausen.

C'est un marxiste passionné jusqu'au messianisme, il sera plus tard ministre et mourra à Berlin-Est juste avant la construction du Mur. Mais dans l'immédiat, le contraste croissant entre l'Est et l'Ouest de l'Allemagne et de Berlin l'enrage, et il veut que l'on mette, du « bon » côté de la frontière, les bouchées doubles. Les discours, estime-t-il, ne suffisent plus. Bien sûr, il y a du chômage en Occident, dont la fameuse « vitrine » berlinoise a ses zones d'ombre. Mais il mesure bien que l'opinion, à l'Est, commence à préférer de plus en plus ouvertement une prospérité capitaliste même incertaine à la pénurie certaine du socialisme à la mode soviétique.

À ce souci de faire rebondir la productivité d'un régime qui l'inspire si peu s'ajoute une donnée diplomatique aujourd'hui bien oubliée, mais qui, dans le contexte de l'époque, fait des ravages chez les Berlinois, de l'Est tout particulièrement. Staline propose en effet aux Occidentaux, un an avant sa mort, une sorte de troc :

l'URSS laissera l'Allemagne se réunifier si les Alliés proclament (et au besoin imposent militairement) sa neutralité. Mais les Allemands pourraient-ils, dans ce cas de figure, voter librement ? demandent lesdits Alliés au maître du Kremlin. Devant une question aussi sotte, celui-ci hausse les épaules, et l'affaire en reste là.

En 1953, Béria, son redoutable ministre de l'Intérieur, reviendra à la charge, juste après le trépas du dictateur, sans plus de succès. Mais à Berlin, bien des gens, de part et d'autre de la démarcation, y verront le risque d'être, en fait, abandonnés de l'Occident ; et cela d'autant plus que Wilhelm Zaisser, le « patron » de la sinistre Stasi (*StaatsSicherei*, la « Sécurité d'État », autrement dit la police politique est-allemande, qui a pris à l'Est la succession dc la Gestapo), s'est montré bruyamment favorable à l'opération.

Donc, le 16 juin 1953, c'est tout Berlin qui, peu ou prou, s'inquiète. Mais c'est la classe ouvrière est-berlinoise qui est particulièrement exaspérée. Les maçons chargés de construire la pharaonique Stalinallee se mettent en grève, un concept paradoxalement inconnu et interdit dans la « patrie des travailleurs ». Ils défilent, ils réclament, ils protestent. Des passants, stupéfaits devant tant d'audace en régime socialiste, les observent, puis, en l'absence de répression, les rejoignent. On marche sur le siège du syndicat communiste unique de la Leipzigerstrasse, et vers midi ils sont déjà 10 000 à conspuer les conditions de travail inhumaines et les privilèges des apparatchiks du parti. Percevant que la situation commence à sentir le roussi, quelques ministres tentent de calmer les esprits, mais rien n'y fait. Amplement relayé en allemand par la RIAS *(Radio in the American sector*), que l'on peut évidemment capter sur l'ensemble de Berlin et même de la RDA, le mouvement de grève et de revendication rassemble, dans la soirée, près d'un demi-million de travailleurs.

Le lendemain, une immense manifestation se rassemble sur la Strausberger Platz, au confluent de districts particulièrement symboliques de Berlin-Est : toujours la Stalinallee, mais aussi l'Alexanderplatz et le *Stadtmitte*... Seulement elle dégénère, et doublement. D'abord en termes de slogans : ceux qui concernaient les conditions de travail seraient après tout restés récupérables par le régime, avec deux sous d'habileté manœuvrière. Mais ceux qui s'en prennent directement à ce dernier, et à son personnel politique, ne le sont plus. Or la foule se met à crier : « *Spitzbart muss weg* ! » (« Barbichette [surnom de Walter Ulbricht, chef du parti et de l'État] doit partir ! »). Et même, un peu plus poétique mais aussi plus corrosif : « *Der Spitzbart und der mit der Brille/Sind nicht da durch unsere Wille* », autrement dit : « La barbichette et l'homme aux lorgnons, ce n'est pas nous qui les voulions. »

Heinrich Rau essaie de s'expliquer ; il est jeté bas de sa tribune improvisée, tout comme un de ses collègues du gouvernement est-allemand, Fritz Selbmann, qui ne manque pas de courage non plus et qui est, lui, un authentique ancien ouvrier – mais qui n'arrive pas davantage à calmer la colère populaire. Laquelle se tourne bientôt vers les locaux de l'organe central du SED, *Neues Deutschland* (« Nouvelle Allemagne »), qui sont incendiés.

Cette fois-ci, on a franchi le point de non-retour. Les responsables communistes est-allemands paraissent flotter dans l'indécision ; sans doute parce que, pour nombre d'entre eux en tout cas, ils n'arrivent pas à imaginer que dans ses profondeurs, le peuple ouvrier de Berlin rejette aussi radicalement le régime qu'ils veulent lui imposer sous la protection de l'Armée rouge. Mais celle-ci, comme on dit, connaît la musique, en l'occurrence celle de l'*Internationale* : dès 13 heures, le commandant russe de la place militaire de Berlin, le général Dibrova, met en place l'état d'urgence, fait déployer ses chars sur tous les points stratégiques de la ville, et en particulier autour des bâtiments publics, dont il s'agit d'interdire l'accès aux manifestants. Un dispositif de couvre-feu est annoncé pour la tombée de la nuit.

Les blindés soviétiques, trois ans avant Budapest, quinze avant la répression du « Printemps de Prague », sont la cible des pavés lancés par la population d'une *démocratie populaire*, comme on commence à les nommer en une sorte de double antiphrase. Sagement, on leur donne l'ordre de ne pas riposter à ce qui, sur leur carapace d'acier, n'apparaît guère, dans l'instant comme au regard de l'Histoire, que comme d'assez misérables piqûres de moustique…

La police est-berlinoise, quoique étant elle aussi totalement contrôlée par l'occupant soviétique, n'aura pas de ces subtilités. Elle finit par charger très brutalement la foule, faisant des dizaines de morts, peut-être des centaines – le bilan de cette terrible opération de répression anti-ouvrière est encore aujourd'hui inconnu – et d'innombrables blessés. Les événements du 17 juin 1953 à Berlin resteront à jamais (et encore une fois, largement avant Budapest, Prague, Varsovie…) comme le premier grand signal du rejet populaire de la soviétisation forcée de l'Europe. Mais l'Occident, et c'est aussi un premier signal dont on se souviendra au moment de la construction du Mur un peu plus de huit années plus tard, n'a pas réellement bronché, au-delà de la couverture médiatique et des protestations des chancelleries. La fameuse RIAS ne diffusera même pas le dernier communiqué désespéré des ouvriers est-berlinois matraqués à mort ou mitraillés par la police du régime.

Moscou, qui certes n'en demandait pas tant, aura du moins profité de ces circonstances imprévues pour tester la capacité de réaction de l'Ouest : au-delà d'une indignation verbale, celle-ci est faible. Ernst Reuter, le maire de la ville (de *toute* la ville, mais qui y croit encore ?), qui était en RFA au moment des événements, se voit même discrètement empêché de rentrer d'urgence à Berlin ; pour des raisons purement techniques, naturellement, est-ce bête !

La propagande soviétique, sitôt matée dans le sang la révolte ouvrière du 17 juin 1953, s'en donne à cœur joie, dans un registre qui annonce ce que sera du côté oriental l'éternel discours à propos du Mur, des deux Allemagne, de la vie, de tout. Il ne s'est agi, c'est juré, que d'une « tentative de putsch téléguidée par les impérialistes », c'est-à-dire les Occidentaux. L'impérialisme de Moscou, autrement évident pourtant en Europe, est par essence légitime, lui, puisque socialiste.

Mine de rien, et même si sur une population qui reste, côté oriental, de l'ordre d'un bon million d'habitants, leur cas demeure marginal, des milliers de Berlinois de l'Est supplémentaires ont, entre le 16 et le 17 juin, profité des troubles pour fuir la dictature. Ils ont compris, bien sûr, ce qui les attendait, à l'Est ; mais aussi ce que, à l'Ouest, on serait prêt à consentir à l'URSS au nom de la nécessité, en effet bien réelle, de ne pas ouvrir une troisième guerre mondiale pour Berlin – ou pour qui que ce soit d'autre, d'ailleurs. La lettre des Accords de Yalta – chaque pays d'Europe pourra décider à l'occasion d'élections libres de son destin – s'est bien vite effacée au profit de leur esprit, au moins supposé : les deux camps, l'Est et l'Ouest, feront dans leur zone d'influence respective ce qui leur plaît, et se garderont bien d'intervenir l'un chez l'autre.

L'Allemagne fédérale fera pourtant du 17 juin, jusqu'à la réunification du 3 octobre 1990, sa fête nationale, pour afficher sa sollicitude à l'égard des ouvriers est-berlinois en révolte. Et la *Strasse der 17 Juni* (en fait, plus qu'une simple rue, une majestueuse avenue qui va vers le centre historique berlinois et la *Brandenburger Tor* à travers, notamment, le Jardin zoologique) reste une des grandes artères de prestige de la capitale allemande, avec sa double symbolique de deuil pour les victimes de la répression, et d'affirmation d'une unité populaire et nationale qui, à l'époque, n'avait pas droit de cité – même à l'Ouest.

L'année d'après, en 1954 donc, entre au Conseil municipal de la ville un encore jeune homme qui appartient à la gauche sociale-démocrate, qui est un ami du bourgmestre sortant Otto Suhr, et dont on n'a pas fini de parler à Berlin, et même ailleurs, un certain Herbert Frahm, plus connu sous son nom de guerre : Willy Brandt. Lequel deviendra à son tour de patron de l'administration municipale en 1957.

« Quand je suis arrivé dans mon beau bureau de l'hôtel de ville, nous confiera-t-il bien des lustres plus tard, j'étais à la fois plein d'ambitions pour desserrer l'étau autour de Berlin-Ouest, et obsédé par un constat amer : les Alliés avaient misé sur une sorte de normalisation triste de la situation de cette ville qui posait des problèmes à tout le monde. Les Soviétiques leur pourrissaient la vie, soit ; mais au fond, cela convenait à tout le monde, du moins hors d'Allemagne. À l'Est, la Stalinallee était devenue la Karl-Marx-Allee dans la foulée du rapport Khrouchtchev sur les crimes staliniens, mais au moins elle portait le nom d'un Allemand, et puis tout le monde nous disait : “On vous aime bien, mais surtout pas de vagues.” Personne ne semblait vouloir modifier le *statu quo,* ni s’attendre à la construction du Mur. »

Le 27 novembre 1958, c’est Khrouchtchev encore qui met les pieds dans le plat : « Pour déclencher une nouvelle guerre mondiale à seule fin d’occuper Berlin-Ouest, dit-il, il faudrait être complètement fou. » C’est parler d’or, pour les chancelleries des trois puissances d’occupation occidentales, qui n’ont guère bronché lors des empiétements successifs des Soviétiques sur leurs droits concernant l’ancienne et future capitale allemande. Et qui pourraient sans risque retourner au nouveau maître du Kremlin son jugement : il faudrait être tout aussi fou pour les en empêcher, ce à quoi « Monsieur K » (comme on l’appelle un peu abusivement pour qui connaît l’alphabet russe) ne songe d’ailleurs aucunement.

Le problème est que Nikita Khrouchtchev va sensiblement plus loin. Dans sa note, il précise qu’il conviendrait de faire de Berlin une ville réunifiée, indépendante, dotée d’un gouvernement propre et dont l’existence ferait l’objet d’une garantie quadripartite, à quoi s’ajouteraient celle de la RFA et de la RDA, et même, pourquoi lésiner, celle de l’ONU. Comme toujours en matière diplomatique, le diable se cache dans les détails : il n’y aurait plus de soldats d’aucune nationalité à Berlin, dont les autorités s’interdiraient tout discours « subversif » à l’égard de la RDA.

On imagine d'avance en Occident le degré de liberté que conserverait une ville de Berlin certes réunifiée, mais entourée par l'Allemagne de l'Est, qui est le fer de lance surmilitarisé du Pacte de Varsovie, et où toute expression critique à l'égard du socialisme soviétique qui s'est imposé par la force en Europe orientale serait considérée comme un *casus belli.* « Il ne faudra pas trois semaines, quand nous serons partis, pour que Berlin-Ouest soit annexé par la RDA », dira un responsable militaire américain sur place. D'autant plus que la question des voies d'accès serait elle aussi l'objet de renégociations perpétuelles avec les autorités est-allemandes, donc soviétiques, de Berlin-Est.

Khrouchtchev est tout sauf naïf. Il ne peut ignorer que l'Occident, auquel, avec une magnanimité ingénue bien imitée, il donne six mois pour se prononcer, va évidemment refuser un tel « arrangement ». Mais il compte que les Américains, surtout s'ils sont poussés au compromis par des Européens qu'à l'époque Moscou juge particulièrement pusillanimes, vont faire de nouvelles concessions pour éviter un vrai *clash* sur Berlin, éternellement perçu au Kremlin comme le talon d'Achille de l'Ouest. Pourquoi cette impatience soviétique à propos de Berlin ? Elle s'explique parce que beaucoup de dirigeants estiment qu'il s'agit là, non seulement d'un symbole embarrassant, mais aussi d'une « échappatoire trop commode », expression à tout prendre un peu plus aimable que celle qu'ils emploient souvent à l'époque entre eux de « tumeur cancéreuse ».

Et puis, en cette fin des années cinquante, l'URSS ne se porte internationalement pas si mal. *Spoutnik* a été placé sur orbite à l'émerveillement du monde entier en 1957 (douze ans plus tard, ce seront les États-Unis qui débarqueront sur la Lune, et, pour le coup, en direct à la télévision ; mais qui l'imaginerait à l'époque ?). D'innombrables associations, réellement ou faussement apolitiques, sans même parler des partis communistes nationaux aux couleurs plus clairement affichées, relaient en Occident, et singulièrement en France, consciemment ou non, sa propagande, sa pompe et ses œuvres. Sans parler du tiers monde... Un certain discours pseudo-pacifiste, à propos de l'Allemagne notamment, fonctionne bien. L'Occident réagit mollement.

Il faudra le courage de Kennedy, et son sens de la formule qui porte, pour dénoncer, en 1960, avec sa phrase célèbre déjà citée, cette dialectique tranquillement cynique des Soviétiques à propos de ce qui est négociable ou non. Formule qui s'applique particulièrement bien au débat sur le statut de Berlin. Walter Ulbricht réclame d'ailleurs depuis deux ans que « Berlin au cœur de la RDA, soit soumis à la législation de la RDA ». Non sans une arrière-pensée militaire forte : il y a à Berlin-Ouest 11 000 soldats occidentaux (dont, soit dit en passant, *aucun* n'est allemand, en stricte application des accords quadripartites), et, dans ou autour de Berlin, 22 divisions soviétiques et 6 est-allemandes !

Bref, on finit par ouvrir, au printemps 1959 à Genève, des pourparlers interalliés auxquels, toute réflexion faite, sont admis des représentants des deux Républiques allemandes. Il y aura, dans ces négociations difficiles, bien des péripéties. Le secrétaire d'État américain Foster Dulles, qui fait sans aucun doute partie des faucons plutôt que des colombes, meurt en cours de route. Son remplaçant, Christian Herter, n'est pas beaucoup plus inspiré. Khrouchtchev annonce qu'il va devoir s'interrompre parce qu'il est invité… aux États-Unis. Les négociations sont bien parties pour s'embourber, et nul ne semble s'en émouvoir. « Monsieur K » est d'ailleurs attendu par de Gaulle à Paris en mars 1960, et les Occidentaux font plutôt bonne figure à cet apparatchik qui s'impose décidément comme un personnage populaire et bon enfant de la scène diplomatique.

Donc, les pourparlers traînent en longueur, et ne produisent guère de résultats. Pendant ce temps, les Allemands de l'Est, dont chacun sait à quel point ils sont dépendants de Moscou, mais qui ont parfois à l'égard du Kremlin les excès de zèle maladroits des néophytes, multiplient à Berlin comme dans l'ensemble des relations interallemandes les incidents protocolaires mineurs. Les Berlinois de l'Ouest n'en prennent pas trop ombrage, parce qu'ils savent, en particulier, que le chancelier Adenauer est allé plaider à Washington l'idée que toute négociation avec Moscou est, s'agissant de Berlin, un piège. Et ils ont de bonnes raisons d'espérer qu'il a été entendu, même si Willy Brandt écarte l'idée d'organiser sur ce sujet un référendum, pour différentes raisons tant diplomatiques que locales.

On a aussi prévu une conférence quadripartite sur Berlin, qui aurait lieu à Paris. Mais cette rencontre majeure va être victime d'une formidable bévue américaine : l'affaire de l'U2 abattu au-dessus de l'Union soviétique. Cet avion-espion n'est naturellement que le cousin d'innombrables appareils de l'Armée rouge ; mais son pilote, le capitaine Gary Powers, peut s'éjecter, et est fait prisonnier en URSS, ce qu'en vieux roublard Nikita Khrouchtchev se garde bien d'annoncer tout de suite, laissant les États-Unis, de déclarations en déclarations, s'enferrer dans le mensonge, ce qui est de bonne guerre froide, mais aussi, plus embarrassant peut-être, dans le ridicule. Car le redoutable « Monsieur K » sort inopinément de son légendaire chapeau un Gary Powers bien vivant, lui qui avait d'abord donné pour disparu par Moscou, et dont le vol était censé ne même pas avoir existé pour Washington.

Il n'est plus question, dans ces conditions, de conférence sur Berlin, dont les habitants sont donc, une fois de plus, victimes de circonstances qui, à tous égards, les dépassent... Sauf, tout de même, en ce qui concerne l'épilogue de cette affaire : le capitaine Powers sera échangé le 10 février 1962 contre un agent soviétique de haute volée, connu sous le (faux) nom de Rudolf Abel et qui avait été arrêté par le FBI en 1957, et ce troc d'espions aura lieu... sur le mythique pont de Gliniecke, qui en verra passer beaucoup d'autres, à la frontière entre Berlin-Ouest et la RDA, du côté de Postdam.

Mais John Kennedy, le jeune président que les électeurs d'outre-Atlantique se sont donné en novembre 1960, se hâte de proclamer, dès son installation à la Maison Blanche en janvier suivant, qu'il veut reprendre rapidement les négociations avec les Soviétiques sur le statut de Berlin. Khrouchtchev, pressentant qu'il lui faudra intégrer la popularité du nouvel homme fort américain comme un élément des négociations internationales à venir, lui propose une rencontre « d'homme à homme », à Vienne, où JFK se rend après avoir fait le point avec de Gaulle à Paris. Le tête-à-tête américano-soviétique dans la capitale autrichienne est décevant pour les deux parties, mais avec une subtile inégalité : si l'URSS peut s'en féliciter, il devient au contraire très clair que les USA ont abandonné l'idée de ramener la RDA dans le giron des démocraties, même s'ils entendent bien défendre Berlin-Ouest.

Le discours des dirigeants est-allemands, cependant, ne cesse de se durcir. Sont dénoncés pêle-mêle, jour après jour, en ce début d'été 1961, ceux qui passent la frontière interzone, comme « traîtres à la patrie socialiste », et les influences pernicieuses de l'Occident, « qui cherche à ruiner le moral et les résultats des travailleurs de l'Est ». C'est que la saison s'annonce particulièrement sombre, en vérité, pour la RDA et Berlin-Est, sa présumée capitale au mépris des traités.

Les récoltes vont être encore plus mauvaises que celles de ces dernières années, durant lesquelles elles ont pourtant déjà beaucoup souffert de la socialisation ;

l'approvisionnement des magasins demeure incroyablement médiocre, face aux boutiques de Berlin-Ouest où la profusion des marchandises est un insolent défi au système soviétique ; et puis il y a, de toutes parts, et malgré les contrôles de plus en plus pesants, ce trafic de marchandises entre les deux moitiés de la ville. Jusqu'où, et pour combien de temps, l'Occident pourra-t-il ainsi afficher impunément la spectaculaire supériorité de son système de production, de commercialisation, et de vie même, sur le socialisme de l'Est ?

Ce ne sont pas là des questions que l'on se pose avec joie, du moins lorsque l'on appartient à la « mauvaise » partie de cette ville qui juxtapose deux vitrines concurrentes. Mais enfin, il va bien falloir, un jour ou l'autre, trancher, non pas entre les deux idéologies – c'est déjà fait, pour le meilleur ou pour le pire – mais du moins entre le « laisser faire, laisser aller » qui a jusqu'alors plus ou moins prévalu dans la gestion des relations entre les deux villes, et qui, en ce début des années soixante, est en train de conduire à une véritable hémorragie : tout le monde veut aller habiter et travailler à l'Ouest. Et cela, c'est évidemment inacceptable et ingérable pour le système qui s'est mis en place à l'Est.

Faudrait-il donc bâtir un mur ? En ce début de l'été 1961 encore, pour beaucoup d'observateurs l'hypothèse prête un peu à sourire… À l'Ouest, sans doute, parce qu'il s'agirait là d'une entreprise titanesque, en forme de dramatique constat de faillite, dans laquelle on n'imagine pas bien que « ceux d'en face » puissent envisager de se lancer. Mais à l'Est aussi : en juin, sur toute la largeur de la une de *Neues Deutschland*, dont l'humour n'est pas le trait dominant, Walter Ulbricht lui-même a tourné cette éventualité en dérision. « Nos ouvriers du bâtiment de RDA, a-t-il expliqué, ont vraiment beaucoup trop de travail avec la construction de logements sociaux pour tous les citoyens de ce pays pour se lancer en plus dans l'édification d'un mur autour de Berlin ! Personne ne l'envisage, que l'Occident se rassure donc », ironise-t-il très officiellement. Personne, vraiment ? pas les ouvriers du bâtiment, certes ; mais lui-même, qui ne va pas tarder à sonder le Kremlin pour savoir comment il réagirait à une nouvelle fermeture de Berlin-Ouest ?

De toute façon, « se rassurer » à propos de l'avenir de Berlin, il en faudrait sans doute un peu plus pour y pousser tant les habitants de la ville que les trois puissances occidentales occupantes, c'est-à-dire à tant d'égard protectrices de sa partie Ouest. Du moins, après les tensions verbales des dernières années, le climat n'est-il pas jugé particulièrement difficile en ce bel été 1961 où pourtant, une certaine nuit d'août va, pour plus d'un quart de siècle, tout changer, *urbi et orbi*, au sens propre : pour la ville et le monde.

# Chapitre IV

## *Le (sinistre) songe d'une nuit d'été*

C'EST, CE 12 AOÛT 1961, une bien agréable soirée estivale que s'apprêtent à vivre les Berlinois. On est samedi, il fait chaud, et puis de toute façon les vacances sont là, au moins pour les enfants, des vacances dont cette Allemagne qui a travaillé si dur depuis la chute du Reich pour se reconstruire un pays, une économie, une vie même, et plus que tout un avenir, commence à reprendre le goût – faut-il déjà dire l'habitude ? Voilà en tout cas trois bonnes raisons de savourer la douceur du moment.

La douceur, oui. Qui l'aurait cru il y a peu d'années encore ? c'est que, dans ce Berlin qui porte encore les stigmates, mais les stigmates seulement, de l'anéantissement de 1945, dont on a dit à quel point il n'était pas que matériel, la convalescence, finalement, est allée étonnamment vite. Et cela malgré les épreuves intermédiaires : le blocus de 1948-1949, et son contournement aérien, la tragédie ouvrière de 1953 à l'Est, les incertitudes de toutes sortes matérialisées par une césure désormais bien visible de la ville, et puis cette humeur internationale dont les Berlinois suivent l'évolution en dents de scie comme, ailleurs, on consulte le baromètre…

Certes, il n'est encore guère question de pouvoir partir en cohortes d'estivants pressés (et riches !) envahir pacifiquement les plages ensoleillées de la Méditerranée, puis de s'en aller bronzer bien plus loin encore, comme ils le feront un peu plus tard. Mais en ce début de la décennie 1960, les Allemands en général, et tout particulièrement les Berlinois, qui vivent bien davantage en champ clos même s'ils peuvent à tout moment gagner la RFA et de là le reste du monde, s'ingénient à profiter de l'été avec les moyens du bord. Et cette soirée d'août 1961 a tout pour leur plaire.

Dans la touffeur d'un été aux excès déjà continentaux, comme peut d'ailleurs aussi en comporter symétriquement l'hiver avec ses rigueurs est-européennes, des messieurs en chemise, veste sur le bras et cravate dénouée, s'offrent des bocks et même des pintes de *Weissbier*, cette bière blanche et finement mousseuse qui est une des spécialités de la ville. Leurs compagnes, qui commencent à arborer ces robes de cotonnade légère et bon marché dont les épouses des militaires américains ont importé la mode, dégustent des glaces, des jus de fruits bien frappés aux terrasses du Kurfürtendam qui commence à être bien reconstruit, et au bas duquel une musique légère sourd du Café Kranzler et autres établissements dont l'élégance délicieusement surannée raconte les douceurs d'un temps disparu.

Demain, on ira s'allonger au bord du lac, sur la plus grande plage d'eau douce d'Europe, ou faire de la voile, canoter, pique-niquer en forêt – car Berlin, bien qu'elle apparaisse déjà (et que sera-ce ensuite !) comme le vaste enjeu très citadin d'une âpre compétition diplomatico-militaire internationale, n'en est pas moins la plus vaste et emblématique de ces « villes à la campagne » dont rêvait Alphonse Allais… La petite chronique locale des journaux y rapporte couramment des affaires qui ont une résonance étonnamment rurale : des sangliers ont dévasté les jardins de tel quartier, des braconniers ont été pris sur le fait par une patrouille, on prépare le prochain concours de pêche… C'est à cet aspect-là de la ville qu'en cette belle soirée d'été, on a surtout envie de penser.

D'autant plus que la période incite, malgré les tensions que l'on sent inévitablement roder autour de la ville, à porter un certain regard soulagé sur le chemin déjà parcouru depuis cette année zéro de 1945. Bien sûr, plus de quinze ans après l'ancienne capitale porte encore très largement dans sa chair les stigmates de la tragédie. La situation sociale n'y est pas toujours aussi bonne que ne le laisseraient espérer l'ampleur des reconstructions et l'importance de l'injection de devises provoquée en continu par la présence des militaires alliés. L'enfermement de la cité, même s'il reste encore tout relatif, l'empêche évidemment de prendre ou reprendre l'essor industriel auquel elle aurait pu prétendre une fois que la paix y avait été rétablie et une démocratie durable instaurée à l'Ouest.

Mais enfin, le sentiment quasi général est qu'en une quinzaine d'années, ce qui est bien peu au regard de l'Histoire même si ces trois lustres ont été particulièrement chargés en épisodes dramatiques et rebondissements, un progrès considérable a été accompli. Matériellement, sans conteste ; mais dans les esprits, aussi. Sans doute ne faudrait-il pas pousser beaucoup les Berlinois, ce samedi soir 12 août 1961, pour leur faire avouer ce qui semblait naguère encore impensable : ils pourraient bien, osons le mot, être redevenus heureux.

Il est vrai qu'il s'agit ici des Berlinois de l'Ouest. Ceux de l'Est sont évidemment dans des dispositions d'esprit assez différentes, même s'il ne faut pas s'exagérer le sentiment d'enfermement qu'ils peuvent éprouver à l'époque, puisqu'ils peuvent encore se rendre assez facilement « de l'autre côté ». Ce n'est plus que pour quelques heures, certes, mais ils ne le savent pas… Et la soirée du samedi occupe une place particulière à cet égard, on pourrait presque dire : traditionnellement, tant certaines habitudes de fin de semaine se sont créées.

Il se trouve en effet que, pour les candidats au passage à l'Ouest – au passage non plus circonstanciel, mais définitif – le samedi soir offre certaines facilités. Beaucoup de Berlinois du secteur soviétique, en effet, vont rendre visite, ce jour-là, à des amis et parents qui vivent dans les secteurs occidentaux ; et si les points de contrôle existent désormais bel et bien, il n'y a encore aucune obstruction systématique à ces mouvements de personnes, que l'on peut deviner limités à la soirée, voire au week-end. Les Berlinois ont vite repéré ce créneau horaire privilégié, et quelques petites astuces complémentaires.

Par exemple, on risque d'autant moins un interrogatoire détaillé, une fouille ou un refus pur et simple si l'on passe seul et les mains vides, avec un prétexte de pur loisir, et surtout pas en compagnie de toute sa petite famille chargée de lourds bagages, bien sûr. En outre, plus souvent on aura montré – car évidemment tout est consigné dans les fiches de la Stasi – que l'on est homme (ou femme) à revenir ponctuellement au moment prévu, plus facilement on pourra ressortir. Cette façon de donner des gages sera d'ailleurs utilisée plus tard par certains intellectuels pour arracher des permissions de sortie de plus en plus longues – pour assister à des colloques en Occident, par exemple.

Il y a une autre raison qui fait du samedi soir le jour où ceux qui veulent fuir la RDA franchissent le plus volontiers la ligne de démarcation (en veillant, donc, à faire passer les membres d'une même famille par des postes différents, un rendez-vous ultérieur ayant été fixé à Berlin-Ouest). Il se trouve en effet que l'absence des fuyards, le dimanche, se remarque beaucoup moins : les parents ne vont pas au travail, ni les enfants à l'école. Lorsque de zélés voisins donnent l'alerte aux autorités

– car le système communiste est-allemand repose notamment sur un immense quadrillage parapolicier, une sorte d'autoflicage de tous les instants : la population se surveille en quelque sorte elle-même – les partants sont déjà loin… Ou en tout cas à l'abri, notamment par les soins du centre de réfugiés de Marienfelde.

Du moins en principe. Car l'inconvénient de cette relative porosité de la « frontière » intraberlinoise d'avant la construction du Mur est que les agents de l'Est circulent très facilement à l'Ouest, et n'hésitent pas à y régler certains comptes. Rarement par assassinat pur et simple, encore que la chose soit arrivée plus d'une fois. Mais du moins par des tabassages, bien entendu anonymes en principe, et surtout des enlèvements : la Stasi aura ainsi réussi à récupérer par la force, en leur faisant repasser la ligne facilement puisque le seul contrôle a précisément lieu à l'Est, des citoyens de RDA préalablement neutralisés qui avaient fui la dictature. Avec en général, à la clé, une lourde condamnation pénale, de dix ans à la perpétuité, mais dont l'exécution carcérale est très souvent raccourcie dans les faits, tout de même : on manque trop de main-d'œuvre pour garder en prison des esprits ou des bras qui peuvent servir ailleurs…

Il y a aussi, tout simplement, des dizaines de milliers de Berlinois de l'Est qui, chaque jour, vont travailler à l'Ouest le plus ouvertement du monde, avant de rentrer sagement chez eux et, entre autres choses, d'y payer leurs impôts et d'y changer au cours forcé leurs « bons » Marks occidentaux contre ceux de la RDA. Ces travailleurs frontaliers paradoxaux – si l'on songe qu'ils ne font que changer de quartier dans leur propre ville, mais aussi, du même coup, de pays et presque de monde – commencent à être fort mal vus du régime communiste, qui s'en est longtemps accommodé pour bien des raisons, économiques notamment. Leur trajet quotidien peut d'ailleurs très bien se faire par le métro, avec un arrêt de contrôle et quelques singularités dans le tracé des voies souterraines, lesquelles, héritées d'un autre temps, ignorent parfois la nouvelle démarcation.

En juin, donc deux mois avant notre fameuse nuit, le gouvernement est-allemand a commencé à reprocher publiquement à ces passeurs biquotidiens et très officiels de la « ligne » de préférer les salaires de l'Ouest aux beautés rudes mais moralement si satisfaisantes de la construction du « socialisme réel. » À quoi les autorités de cette « patrie des travailleurs » que prétend être la RDA pourraient ajouter qu'ils préfèrent, aussi, la liberté syndicale et les conditions de la vie ouvrière en Occident, mais peu importe : ce qui est significatif, et peut sembler indiquer *a posteriori* que quelque chose se préparait déjà à ce moment-là, c'est cette offensive gouvernementale pour inciter les frontaliers à cesser d'aller travailler de l'autre côté. On fait jouer sur eux toutes les pressions que peut exercer un régime totalitaire sur la population : attention à leur logement, aux études de leurs enfants, etc.

Et surtout, on a commencé, début août, à les obliger à s'enregistrer auprès de l'administration. Certains n'ont ni obtempéré, ni décidé de partir une bonne fois tant que la chose est encore relativement aisée ; au risque, bien sûr, de se faire prendre rapidement. D'autres ont eu, avec cette mesure, la révélation ou au moins le pressentiment de ce qui les attendait : une difficulté croissante, pour ne pas dire encore une impossibilité totale et permanente, de se rendre à l'Ouest. Les plus nombreux sont sagement allés se faire recenser, en espérant en être quittes avec cette démarche un peu vexatoire, et ils en ont en réalité récolté tout un ensemble de petites tracasseries supplémentaires, y compris fiscales. Qui ne sont rien encore par rapport au fait que quelques jours plus tard, il ne sera plus question pour eux d'aller travailler chez les « impérialistes » et « revanchards » de l'Ouest.

Avec toutes ces bonnes raisons de donner un tour de vis supplémentaire aux contrôles entre les deux Berlin ce week-end-là, la police est-allemande semble, au contraire, particulièrement laxiste depuis le vendredi 11 août. Personne ne s'en plaint ! Mais quelques-uns s'en étonnent, et s'en étonneront plus encore lorsqu'à ce samedi soir à tant d'égards si clément succédera le réveil cauchemardesque du dimanche matin… Le régime a-t-il cherché à donner le change jusqu'au bout ? Y a-t-il eu des flottements, des hésitations à la direction de la police ou de l'armée, comme certains l'ont ensuite imaginé ? Ou bien faut-il y voir l'effet d'un calcul diabolique, qui aura consisté à laisser partir, avant la grande fermeture, le maximum de contestataires, pour ne plus avoir à les gérer ensuite ? Les trois hypothèses sont plausibles, et ne s'excluent au demeurant pas l'une l'autre.

Les jeunes soldats et policiers « populaires » (membres, donc, de la *Nationale Volksarmee,* en abrégé NVA, et de la *Volkspolizei*, puisque, on l'a dit, le régime a tendance à penser que ce préfixe, *Volks-*, « du peuple », confère à tout mot à connotation répressive une dignité démocratique hélas imperceptible à la population), savent cependant qu'il pourrait bien se passer quelque chose. Du moins ceux qui devaient partir en permission pour la fin de semaine et qui ont vu cette perspective remise à plus tard, ou qui ont été amenés en renfort, sans explications bien entendu à ce stade, dans des casernes de la ville ou de la région.

D'autant plus que dans la cour desdites casernes, ils ont pu voir que des camions apportaient un stock anormalement important de rouleaux de fil de fer barbelé et de sacs de ciment, différents outils de maçonnerie, ainsi que des poteaux et des plaques de béton prémoulés, d'ailleurs relativement minces les uns et les autres. On n'y voit pas, en revanche, de ces polyèdres de défense antichar qui ont au contraire fleuri depuis des années déjà le long de la frontière interallemande, côté Est bien sûr. Bref, de quoi, sans doute, donner à réfléchir aux plus curieux, et éveiller quelques soupçons ; mais enfin, rien qui évoque pour l'instant la prochaine construction d'une nouvelle « Muraille de Chine »... puisque tel sera donc le nom de code de l'opération « Mur de Berlin ».

« C'est un peu avant minuit et demi, raconte Hildegarde, née pendant la guerre et qui est aujourd'hui presque septuagénaire, que nous avons commencé à comprendre que quelque chose d'un peu anormal se préparait, mais sans encore en deviner l'ampleur. J'habitais l'Ouest mais j'étais allée dîner avec ma grande sœur chez notre tante qui, elle, demeurait côté Est, tout près de la ligne de démarcation puisque de ses fenêtres, on voyait l'intérieur de la Bernauer Strasse. Nous avions bien mangé et pas mal bu, notamment grâce aux provisions que nous avions apportées – il faut bien dire que c'était encore si simple de passer dans un sens ou dans l'autre, à l'époque ! – et nous étions accoudées pour prendre le frais, quand nous avons remarqué que des hommes en uniforme installaient des barbelés et, derrière, des plaques de béton – mais à plat, pas comme pour dresser un mur. Mais cela ne nous a pas plus inquiétées que ça, nous avons pensé à un renforcement ponctuel, à la construction possible d'un nouveau point de passage, c'est tout. Il n'y avait guère que l'heure choisie qui nous étonnait un peu. Seule notre tante a eu l'air un peu plus préoccupée pendant la fin de la soirée. Nous sommes rentrées chez nous sans problème. Elle est morte, bien des années plus tard, de l'autre côté, après avoir dû déménager d'urgence parce que, justement, ses fenêtres donnaient trop directement sur l'Ouest. Et sans avoir vu la chute du Mur. »

L'éminent intellectuel Vincent von Wroblowski se souvient bien, lui aussi, mais pour d'autres raisons, de cette nuit-là. Il fut un universitaire en vue de la RDA, grand spécialiste de Sartre dont il a d'ailleurs été l'ami et le traducteur. Ses parents, juifs et très engagés à gauche, se sont réfugiés dans le Limousin à l'arrivée des nazis au pouvoir ; il y a passé sa petite enfance, et en est reparti parfaitement francophone (au point qu'il a dû apprendre l'allemand d'urgence par la suite !). C'est tout naturellement vers l'Allemagne « socialiste » que sa mère l'a reconduit en 1950. Il raconte d'ailleurs aujourd'hui ce retour dans un Berlin en ruines avec des accents suffisamment cocasses pour qu'on s'y arrête un instant, car ils disent, à leur façon, beaucoup de choses.

« Le premier vrai "choc culturel", pour moi, explique-t-il, c'était cet immense amas de ruines, où les parents tremblaient de voir jouer les enfants mais où, nous autres, vers dix ans, nous raffolions de ces escaliers encore debout qui ne menaient nulle part, de ces pièces parfois presque intactes au milieu des gravats. Nous ne pensions guère à toutes les vies brisées que cela représentait : nous avions plutôt l'impression, informulée bien sûr à cet âge, de nous promener dans une sorte de tableau surréaliste grandeur nature… Et puis c'était aussi, au-delà des futurs clivages Est-Ouest, ce constat de tout ce qui manquait à Berlin : en France, nous avions eu, en tout cas après la Libération, du cacao *avec du lait*, luxe devenu inouï en Allemagne, où il y avait très peu de fruits et légumes frais ; même encore gamin, j'étais en outre frappé par la laideur des vêtements féminins, tout juste bons à tenir chaud l'hiver, à la mode soviétique, et encore : pas si chaud que cela ; aux odeurs, aussi, qui étaient incontestablement celles de la pauvreté – et pourtant je ne sortais pas d'une vie de luxe ! »

Cet engagement maternel très à gauche, qu'il va vite partager, ne l'a pas empêché, au fil des années, de porter un regard lucide sur la nature du régime, et de rechercher les occasions d'aller respirer un autre air à la faveur de réunions savantes ou de contacts avec des écrivains, des éditeurs occidentaux, mais sans chercher à fuir. Vincent von Wroblowski a toujours eu la passion du voyage et, au moment où commence la construction du Mur, il est tout naturellement un étudiant est-allemand en vacances, après avoir achevé sa deuxième année de littérature romane à la grande Université Humboldt, sur la prestigieuse avenue Unter den Linden – encore une des beautés urbaines du passé berlinois que l'Est a bien mieux conservées que l'Ouest, même si les tilleuls en question, replantés à cause des destructions de la guerre, sont encore bien frêles à l'époque.

« Cet été-là, raconte-t-il, je m'étais embarqué pour l'Italie, après être passé par Berlin-Ouest pour recevoir le document nous permettant de circuler en Occident où la RDA n'était pas reconnue à l'époque, une sorte de mini-passeport temporaire avec un tampon qui nous faisait rire, quoiqu'un peu jaune : *Presumed German* ! ("Présumé allemand"). J'étais paisiblement à Agrigente quand j'ai appris à la télévision italienne la construction du Mur. Je m'attendais bien à quelque chose, parce que franchement, la RDA ne pouvait plus continuer comme ça : les défections devenaient si nombreuses que juste avant le Mur, on ne savait jamais qui serait encore là demain, et qui serait parti : votre médecin ? Le maître d'école ? Tel commerçant ? Il fallait arrêter soit l'hémorragie, soit la RDA elle-même. Mais de là à couper en deux, hermétiquement, une ville de 3 millions d'habitants, il y avait un monde. J'imaginais plutôt un renforcement sévère des contrôles. »

Il rentre donc, encore incrédule, et avec d'ailleurs quelques détours compliqués, dont l'un au moins lui permet d'assister, à Venise, à une réunion du Comité central du PCI, dont le contraste qu'il présente avec « son » parti communiste, le SED, le laisse pantois. « Quand je suis rentré, poursuit-il, j'ai dû repasser par Berlin-Ouest et je me souviens qu'à la gare de Bahnhof Zoo, où je changeais de train pour l'Ostbahnhof, des voyageurs m'ont gentiment demandé : “Tout de même, vous n'allez pas repasser là-bas *volontairement* ?” Eh si, leur ai-je répondu, un peu goguenard, sans trop me demander ce qui m'y attendait réellement. Je crois qu'il y a eu longtemps une grande part d'ingénuité en moi. »

D'ailleurs, beaucoup, cette nuit-là où même un peu plus tard, vont en effet rentrer eux aussi tranquillement et volontairement à Berlin-Est. Sans parler de Berlinois de l'Ouest qui, partis pour passer la soirée « de l'autre côté », vont y rester toute la nuit sans se douter du drame qui a commencé à se jouer le long d'une ligne de démarcation qui va se transformer en mur, et qu'ils pourront d'ailleurs, en prouvant leur nationalité, repasser sans être inquiétés outre mesure. C'est en particulier le cas de Rita Kuczynski, qui avait dix-sept ans à l'époque et qui est aujourd'hui un écrivain très connu pour des œuvres qui, justement, se rapportent pour la plupart à la césure entre les deux Berlin : *Partition*, *Mauerblume*, *Staccato*…

« La plupart des membres de ma famille habitaient à l'Est, raconte-t-elle, sans doute assez largement par l'effet du hasard même si ma mère a fait carrière au sein du SED, et comme la ligne de démarcation était facile à franchir, nous nous voyions souvent, à l'époque ; moi-même j'y ai d'abord vécu, tout en allant chaque jour à l'école à l'Ouest – puis cela a été l'inverse, c'était donc vraiment facile encore. J'étais allée passer l'après-midi chez ma grand-mère, qui habitait près du Schlachtensee, un lac particulièrement agréable pour se baigner et faire de la voile en été, malgré la consonance belliqueuse de son nom [*Schlacht* signifie "bataille" en allemand, mais le nom de cette bourgade vient en fait de l'adjectif slave "slat" qui signifiait, plus poétiquement, "doré"], tout proche de Berlin vers le sud-ouest mais qui supposait tout de même d'entrer en RDA. J'étais toujours heureuse d'aller la voir, c'était un personnage extraordinaire, pour qui j'avais énormément d'admiration et d'affection, qui avait notamment chanté au *Staatsoper* ! J'avais retrouvé des amis de mon âge sur la plage, nous sommes restés au bord de l'eau assez tard et du coup, j'ai décidé de rester tranquillement coucher chez elle. Nous avons encore bavardé, elle et moi, assez avant dans la nuit, sans nous douter de rien. »

De fait, ce sentiment de quiétude, de paix vespérale, est le souvenir paradoxal que beaucoup de Berlinois gardent aujourd'hui, quand ils l'ont vécue sur place, de cette nuit du 12 au 13 août 1961. Très peu d'entre eux se sont alarmés ou ont eu le moins du monde le sentiment que quelque chose était en train de basculer, qui deviendrait un monument emblématique et dramatique de la seconde moitié du XX^e^ siècle. Et cela, qu'ils aient vécu d'un côté ou de l'autre de ce qui va, en quelques heures et pour plus de vingt-huit ans, devenir le Mur, avec une majuscule de toute façon obligatoire en allemand – *die Mauer* – mais que nombre d'autres langues alphabétiques adopteront aussi.

Plus tard, beaucoup, y compris parmi ceux qui allaient s'en repentir amèrement et durant de très longues années, justifieront le fait de n'avoir pas tiré parti des derniers moments où il leur aurait été possible de demeurer à l'Ouest par des considérations personnelles dont il leur était alors impossible de faire abstraction : leur famille et leur travail étaient à l'Est ; et aussi, la sévérité du regard que l'on porte généralement aujourd'hui sur le régime de la RDA ne doit pas le faire oublier, leur vie même. Mais d'autres, fort nombreux aussi, lorsqu'ils évoquent cette soirée où tout bascula, y compris lorsqu'ils ont été témoins oculaires des premières heures de la mise en place du Mur, soulignent qu'ils n'ont aucunement eu conscience d'être témoins d'un drame. Ils font valoir qu'il s'agissait pour eux, dans le contexte de l'époque, d'une mesure de contrôle supplémentaire, d'un renforcement d'une barrière à quoi l'on pouvait de toute façon s'attendre depuis des semaines, voire des années.

« Dans notre vie quotidienne de Berlinois de l'Est, dit l'un d'eux, c'était, ni plus ni moins, une mauvaise nouvelle de plus. Pas l'écroulement d'un *modus vivendi* dont nous étions bien placés pour connaître et vivre au jour le jour les imperfections et les menaces, mais qui ne nous semblait pas pouvoir être révoqué d'un claquement de doigts par le gouvernement est-allemand, c'est-à-dire par l'occupant soviétique. C'est même, curieusement, cette dimension russe de notre situation qui nous semblait vaguement protectrice. Non que nous ayons beaucoup d'illusions sur la mansuétude de Moscou à notre égard, mais parce que les Soviétiques, eux, n'en avaient déjà plus aucune sur leur système, et veillaient surtout à protéger leurs intérêts nationaux, dont nous pensions alors qu'ils passaient par une détente autour du statut de Berlin, et la fin de la Guerre froide qui leur coûtait au fond si cher. »

Beaucoup, aussi, sur ce terrain plus international justement, veulent croire que les Occidentaux en général, et les Américains en particulier, ne les laisseront pas tomber, ne serait-ce que parce que Washington et l'OTAN y jouent leur crédibilité. « Ils ne nous avaient pas abandonnés à l'encerclement du blocus, grâce au pont aérien, poursuit notre témoin de l'époque, ils ne céderaient pas davantage à une menace d'enfermement matériel de la ville, enfermement d'ailleurs si contre-productif pour l'image du régime communiste, si semblable à un terrible aveu d'échec devant le monde entier, que nous ne parvenions de toute façon à y croire tout à fait. »

Où en est-on, ce dimanche 13 août à minuit et demi ? De part et d'autre, on rentre chez soi, et c'est encore simple. À condition de ne pas être sorti sans ses papiers d'identité, naturellement ; mais cette prudence est devenue chez les Berlinois une seconde nature, et puis si l'on a franchi la ligne de démarcation dans un sens, il a bien fallu les produire, normalement ; donc, il n'y a pas de problème dans l'autre. Cinq minutes plus tard, pourtant, est déclenchée l'opération « Muraille de Chine », qui va faire de Berlin, pour près de trente ans, un des enjeux majeurs de la Guerre froide, même lorsqu'on parlera plutôt ailleurs de détente, et un lieu où vont proliférer les drames politiques et humains.

C'est en effet à 0 h 35 que se déploient le long de la ligne de démarcation plusieurs divisions de la DVA, à raison d'un soldat en armes tous les 2 mètres. Et de nombreux détails vont montrer combien l'affaire a été méthodiquement calculée. À commencer par cette distance, qui ne laisse aucune chance au moindre fuyard, mais ne saurait passer, dans la technique militaire qui prévaut encore à l'époque, pour un front d'assaut : la logique de l'opération reste profondément policière, même si c'est l'armée qui s'en charge.

Il est vrai qu'à environ 30 mètres en arrière, sur les segments de la ligne considérés comme potentiellement les plus délicats, sont postés des blindés soviétiques. Soit de vrais chars, soit au moins des véhicules de l'avant blindés (VAB), en fait des automitrailleuses que leur structure met à l'abri des tirs d'armes de guerre, hors canons lourds et missiles bien entendu. L'importance de ce dispositif illustre non pas tant la crainte des autorités de l'URSS et de la RDA d'avoir à s'opposer à une vraie contre-offensive occidentale (comme on le sait, il n'y en aura absolument aucune), que le souci de bien marquer que Moscou et le Pacte de Varsovie soutiennent cette opération, et que l'on est donc entré dans une logique de crise internationale majeure : quiconque prétendrait s'y opposer s'attaquerait en fait – redoutable perspective – à l'Armée rouge.

Consigne a été donnée aux soldats est-allemands de rester à 2 mètres derrière le tracé reconnu par tous de la ligne de démarcation. Pour venir à leur contact physique, il faudrait donc avoir déjà franchi, donc violé, cette frontière qui a fait l'objet d'un accord quadripartite. Même si elle était effectuée sans armes par de simples manifestants, cette démarche serait évidemment présentée par Moscou et Berlin-Est comme une agression, un acte de guerre.

Remarquons d'ailleurs que le Mur lui-même sera bâti en léger retrait par rapport à la limite de l'espace que l'occupant soviétique aurait pu revendiquer : l'une des conséquences de sa construction sera paradoxalement de rétrécir de quelques dizaines d'hectares au total (surtout après quelques simplifications de tracé destinées à en faciliter la surveillance) la superficie théorique de Berlin-Est, et même de la RDA… L'idée étant, bien sûr, que le seul fait de s'approcher du Mur à le toucher, côté occidental (le toucher, et surtout le taguer !), constitue une violation du droit international. Ce qui n'est pas faux, même s'il était évidemment bien plus contraire encore aux traités de le construire, et de refuser aux Allemands de l'Est et à tant d'autres peuples toute expression libre du suffrage pourtant prévue par les accords de Yalta…

« De toute façon, dans l'instant cela n'a pas été une affaire très claire, techniquement, se souvient Joachim Wagner, qui était à l'époque un tout jeune lieutenant de la DVA. Évidemment, dans les rues, sur les places, la ligne avait été tracée très précisément par les commissions quadripartites chargées de dresser le cadastre des zones d'occupation. Chacun savait bien où était son territoire : l'Ouest pouvait contester notre opération et ne s'en est évidemment pas privé, pas son périmètre. Mais il y avait aussi, dès cette nuit-là, et à plus forte raison dans les jours qui ont suivi, des tas de problèmes très difficiles à résoudre, surtout pour un régime comme le nôtre, qui tenait à se montrer rigoureux, certes, mais dans les deux sens, donc ne surtout pas faire aux Occidentaux le cadeau d'une erreur matérielle ou d'une prétention abusive. »

Quels problèmes ? « Il y avait beaucoup de zones approximatives en matière de partage, explique Joachim Wagner. Quand on avait tracé les plans quinze ans plus tôt, on ne pensait pas que la frontière se matérialiserait un jour à ce point. Par exemple, quand on dit : la limite, c'est la Spree, ou tel canal, où en situe-t-on exactement le milieu ? Surtout en courbe ? Et comment construit-on, je ne dis pas un mur, mais même simplement une clôture sérieuse, de préférence électrifiée, en pleine eau ? Et dans les forêts où des arbres ont poussé depuis 1945, en général sans se préoccuper des accords internationaux, et dans les lacs ? » Car le *Gross Berlin*, le Grand Berlin n'est pas seulement, on l'a dit, une zone urbaine de quelque 3 millions d'habitants, largement plus aujourd'hui : c'est aussi une région restée, à la marge, assez rurale – et cela, pour le coup, de nos jours encore.

À 3 heures du matin le dimanche 13 août, la moitié occidentale de la ville est à peu près complètement ceinte de barbelés, même s'il reste, notamment pour les raisons topographiques que nous venons d'évoquer, des zones encore plus ou moins « ouvertes » (mais en réalité fort peu praticables pour une évasion spontanée, et très vite les choses s'aggraveront encore à cet égard). Des blindés soviétiques, et devant eux des dizaines de milliers de soldats et policiers est-allemands, gardent les quelque

167 kilomètres de frontière – il faudra d'ailleurs la construction du Mur pour que le monde se rende compte de la longueur invraisemblable de cette ligne de démarcation, non pas interallemande mais autour de Berlin-Ouest ; innombrables détours compris, bien entendu, mais quand même.

Ces hommes d'armes de la RDA ont l'ordre de repousser physiquement, et au besoin d'abattre, tout fuyard qui tenterait de forcer leurs barrages pour gagner Berlin-Ouest. Tentatives à peu près inexistantes durant ces premières heures, et qui, pour les très rares cas qui se sont présentés, n'ont pas, semble-t-il, donné lieu à l'ouverture du feu, comme si l'Histoire accordait à tous un sursis. Et puis, côté oriental, ces jeunes recrues sont diversement motivées, surtout quand aucun gradé n'est présent à leurs côtés, et même si elles n'ont évidemment pas le choix pour l'essentiel et à long terme. Des unités très diverses cohabitent : DVA, Armée rouge, VoPo, responsables en civil aux fonctions difficiles à cerner précisément mais présumées importantes et en tout cas redoutables…

L'équipement, de même, ne trahit pas la crainte d'un contre-feu occidental : beaucoup de ces policiers et soldats n'arborent ni gilet pare-balles, ni casque lourd, et sont pour la plupart vêtus de simples uniformes de toile et de la casquette réglementaire : manifestement, le pouvoir a considéré que leur seule présence suffirait, et il n'a pas eu tort. « Certains tenaient leur fusil pointé vers nous mais sans agressivité particulière, et en silence, comme des sentinelles qui font leur devoir et qui veulent simplement signifier qu'on ne passe plus, raconte Manfred Wickel, alors adolescent, qui les observait de l'Ouest. D'autres avaient carrément l'arme au pied ou à la bretelle, et certains mastiquaient un sandwich ou buvaient une canette de bière : on aurait davantage dit des chasseurs qui font une pause casse-croûte qu'une troupe d'élite, et cela a contribué à nous rassurer. On en avait vu tellement déjà, à Berlin ! »

Dans le silence étrangement actif de cette nuit berlinoise commence aussi un autre travail, notamment sur la Potsdamerplatz, sorte de confluent triangulaire, de *Dreieck* comme disent les Allemands, entre les zones d'occupation soviétique, américaine et britannique : le déferrage du réseau de tramway. Lequel, jusqu'à présent, ignorait assez largement, tout comme celui du métro, le nouveau découpage de l'ancienne capitale, tout simplement parce qu'il datait des schémas antérieurs, et qu'au prix de quelques arrêts aux postes de contrôle on l'avait conservé. Armés de pieds-de-biche, des policiers et soldats de la RDA, surveillés par leurs homologues soviétiques, extraient les pavés, puis les rails qui conduisent à l'Ouest ou en proviennent. Il faut qu'il soit clair, dès le matin qui commence à pointer, que les communications sont bel et bien coupées entre les deux parties de la ville.

Et d'une manière générale, le métro et les trains qui la traversent ont été arrêtés de part et d'autre des gares frontalières vers 1 heure du matin. Au demeurant, tous ne fonctionnaient pas régulièrement durant toute la nuit. Ces stations sont dûment fermées, et tous les signaux mis au rouge, couleur en l'occurrence doublement symbolique. Ce qui, curieusement, n'empêchera pas de nombreux passagers noctambules de franchir la ligne de démarcation pour aller reprendre, « de l'autre côté » et dans un sens ou dans l'autre, les transports qui fonctionnent encore, quitte à devoir enjamber des barbelés qui, à certains endroits, restent encore peu dissuasifs.

Autre souci, et pour le coup plus soviétique, semble-t-il, qu'est-allemand : celui de protéger les bâtiments publics, civils et militaires, de Berlin-Est. Consciente de l'extrême impopularité du régime qu'elle a mis en place, l'URSS redoute la répétition, pour la journée de dimanche, des grandes manifestations de protestation populaire du 17 juin 1953. Le souvenir tragique de l'insurrection anticommuniste de Budapest en 1956 est lui aussi très présent. Aussi un fort dispositif de protection est-il mis en place autour des ministères et autres administrations ; quant à l'ambassade russe, elle est rendue inviolable par pas moins de six chars d'assaut lourds de l'Armée rouge !

Il est vrai que personne, strictement personne, pas même un exalté isolé, ne se risquera, ni ce jour-là ni plus tard, ne disons même pas à attaquer ce sanctuaire de la domination de l'Union soviétique sur « son » Europe, mais même à brandir dans ses parages la moindre pancarte hostile… Les beaux quartiers residentiels, ceux où loge la *Nomenklatura* communiste, qu'elle soit est-allemande, russe ou venue des « pays frères », sont également placés dès le milieu de la nuit sous haute surveillance blindée.

Mais au total, cette nuit entre toutes les nuits – il faudra attendre plus de vingt-huit ans pour qu'il s'en reproduise une aussi importante en sens inverse, le 9 novembre 1989 – s'achève dans un climat guère plus tendu que celui de ses premières heures. Le samedi n'est justement pas un soir où l'on écoute la radio, sans parler d'une télévision encore peu répandue. Le dimanche n'est pas un matin où, comme en semaine, on lirait fiévreusement les journaux en se rendant au travail. On s'est couché tard sans avoir vu grand-chose, et de même va-t-on se lever (relativement) tard. Au fond, si Berlin a, en ce 13 août 1961 toujours aussi chaud, une impression collective quelconque, ce serait plutôt celle d'un lendemain de soirée bien arrosée.

Rares sont ceux qui ont le sentiment que l'Histoire pourrait bien avoir à nouveau parlé, et sur le ton menaçant auquel, hélas, la ville, en ses deux moitiés qui ne savent pas encore qu'on est en train de les séparer physiquement faute d'avoir pu le faire moralement, commence à être habituée. Tellement, même, qu'elle semble, en ces heures torrides de l'été, avoir décidé de ne plus trop s'en formaliser.

D'ailleurs, à 8 ou 9 heures du matin, aucune pierre du fameux Mur n'est encore scellée. Et l'on ne mesure pas encore que le destin de Berlin, lui, vient de l'être pour près de trente ans.

# Chapitre V

## *Le premier choc*

À CET ÉTRANGE SAMEDI succède un sombre dimanche. Non que, même une douzaine d'heures après les tout premiers coups de pioche et la pose consécutive de quelques centaines de plaques de béton armé légères, tout le monde se soit réveillé en constatant que Berlin-Ouest était encerclé, autrement dit que les habitants de Berlin-Est seraient désormais privés du droit de circuler dans cette île d'Occident en pleine Europe soviétisée de force. Car il va falloir encore un petit peu de temps pour prendre la mesure exacte de l'événement. La ville se sentirait plutôt comme ces fêtards qui, le lendemain matin, ont un peu de mal à reconstituer la façon dont s'est terminée leur soirée.

On se souvient bien d'avoir assisté, ici ou là, à certains déploiements de force, à des débuts de travaux et surtout à un vaste déroulement de barbelés, mais, côté oriental, on en a tellement l'habitude ! Côté occidental aussi, d'ailleurs ; mais de part et d'autre, on se sent relativement protégé par le statut quadripartite de la ville. Et

Berlin-Ouest, qui pourrait se sentir plus particulièrement visée par cet encerclement, sait depuis le pont aérien que les Alliés ne l'abandonneront pas à son sort. Donc, on ressent une sorte de curiosité irritée – « Que sont-*ils* encore allés inventer ? » – une certaine inquiétude latente, même – « Comment tout cela finira-t-il, et quand ? » – mais pas de réelle panique populaire.

Pourtant, il devient assez vite évident que cette fois-ci, on n'est plus dans le registre traditionnel des gesticulations militaires ou policières auxquelles les aléas de la vie diplomatique ont habitué les Berlinois. D'autant plus qu'on assiste rapidement à une vraie démonstration de force sur des lieux fortement chargés d'histoire, et donc de symboles, à commencer par la Porte de Brandebourg. Même si certains semblent, dans les rangs de la *Volksarmee*, se sentir autorisés par les ardeurs estivales à porter des lunettes de soleil et à desserrer leur col, ce qui achève de donner à la scène un côté un peu irréel, ce ne sont tout de même pas moins de six compagnies, l'arme à la bretelle, appuyées par des camions et des véhicules blindés, qui sont déployées le long du célèbre propylée au quadrige ouvrant sur Unter den Linden, et qui se trouve, de justesse mais intégralement, en zone soviétique.

Les soldats est-allemands sont postés aux 2 mètres désormais rituels de la ligne de démarcation : ceux qui tenteraient de passer en force pour s'échapper seraient ainsi abattus en étant encore en territoire oriental, ce qui rendrait encore plus difficile toute protestation occidentale. Il est vrai qu'ils auraient de toute façon bien peu de chance de parvenir jusque-là. D'abord parce que les accès à la zone frontalière sont barrés, ce dimanche 13 août, bien avant la ligne proprement militaire. Ensuite parce que dans le dos de ces soldats est-allemands patrouillent, équipés d'armes de poing souvent dégainées, d'innombrables policiers en civil, qui n'hésiteraient certainement pas à abattre d'éventuels candidats à l'évasion-suicide avant même qu'on puisse les apercevoir de l'Ouest.

C'est bien en tout cas vers le côté occidental que sont en général tournés les soldats est-allemands. Il faut en effet illustrer la thèse officielle selon laquelle il s'agit de protéger les citoyens de la RDA d'une invasion, pourtant assez peu vraisemblable, de leurs voisins avides de goûter aux joies roboratives du « socialisme réel », ou d'en piller les trésors, et non d'interdire désormais à la population ces incessantes évasions qui ont coûté à l'Allemagne de l'Est, depuis sa création, entre 3 et 5 millions d'habitants selon les estimations. C'est ce que le jargon gouvernemental appellera le « front de défense sans faille », qu'il s'agisse du Mur ou de la politique d'*Abgrenzung* entre les deux Allemagne.

Du côté occidental aussi, on fait attention, à ce stade, à éviter tout incident grave. Car bientôt les nouvelles circulent, grâce à la radio essentiellement, et des manifestants ouest-berlinois convergent par milliers devant la Porte de Brandebourg ; la police les maintient à une centaine de mètres de distance des soldats est-allemands, afin qu'il n'y ait pas de pavés, bouteilles, cocktails Molotov, etc., qui puissent les atteindre. Encore un paradoxe du Mur de Berlin : c'est – aussi – sous la protection de l'Ouest que l'Est a pu commencer à le construire !

À défaut de projectiles, la foule exaspérée lance des slogans. Elle réclame la démocratie, la liberté, mais aussi, et déjà, une certaine forme de réunification allemande : « *Es gibt nur ein Deutschland* ! » (« Il n'y a qu'une Allemagne »), qu'on ne peut s'empêcher aujourd'hui de rapprocher du « *Deutschalnd, einig Vaterland* » (« Allemagne, patrie unie ») des manifestants de 1989. On entend aussi : « *Deutschland bleibt deutsch* » (« L'Allemagne reste allemande »), qui vise implicitement les Soviétiques, ressentis comme les vrais instigateurs de ce bouclage de Berlin – on ne peut encore parler tout à fait de Mur – alors que tout laisse aujourd'hui à penser qu'ils y ont sans doute davantage consenti qu'ils ne l'ont imposé : c'est avant tout Walter Ulbricht, confronté quotidiennement aux effets dévastateurs de la concurrence avec l'Occident, qui a voulu mettre un coup d'arrêt aux défections massives. Celles-ci faisaient d'ailleurs l'objet d'une plaisanterie traditionnelle en RDA avant la grande fermeture de Berlin, et qui y refera surface au moment où, dans les dernières années du régime, les intellectuels dissidents seront autorisés à émigrer en RFA les uns après les autres : « Que le dernier qui part pense à éteindre la lumière ! »

Mais cette fois-ci, une certaine lumière semble bien éteinte en effet – non que le dernier habitant soit parti, mais au contraire parce que de tels départs vont devenir quasi impossibles. À telle enseigne, d'ailleurs, que le sentiment d'enfermement sera bien davantage celui des Allemands de l'Est que des Berlinois de l'Ouest, qui, pourtant, sont en apparence les seuls visés. En principe, l'accès à Berlin-Est était et reste libre ; même si, en fait, aussi longtemps qu'il y a eu cette « passoire » entre les deux moitiés de la ville, il fallait bien souvent se justifier auprès des autorités pour venir dans la « capitale de la RDA » – titre controversé, on l'a vu, mais toujours arboré dans les textes officiels est-allemands – si l'on n'en était pas recensé comme résident permanent. Mais les « enfermés », personne ne s'y trompe en ce sombre dimanche, ne sont pas ceux que pourraient désigner les apparences à quelque observateur fraîchement débarqué d'une lointaine galaxie.

De ce point de vue, ce qui est en train d'arriver à Berlin est aussi une très mauvaise nouvelle pour l'ensemble des citoyens de ces pays que l'on s'est mis à appeler, en une double et singulière antiphrase, les « démocraties populaires ». Car de Pologne ou de Tchécoslovaquie, de Hongrie ou de Bulgarie, on pouvait relativement facilement, entre « pays-frères » et sauf périodes de tensions ponctuelles, venir respirer à Berlin un certain air de liberté.

Tout le monde n'était certes pas prêt à en profiter pour s'évader de cet univers soviétisé : cela supposait notamment de laisser derrière soi beaucoup de choses, et plus encore de gens, auxquels les êtres humains sont très attachés sous toutes les latitudes (ou plutôt, en l'espèce, toutes les longitudes...). Mais c'était quand même une sorte de virtualité qui faisait encore un peu rêver, un peu comme la perspective même très improbable de gagner le gros lot à la loterie peut aider à supporter la pauvreté. De cela également, il n'est brusquement plus question.

La réaction diplomatique est, elle aussi, d'abord un peu hésitante. L'Occident comprend vite, bien sûr, que l'on n'est plus cette fois-ci dans une configuration de simple crise, d'incident parmi d'autres et qui comme d'autres trouvera sa solution après un échange de notes de chancellerie bien senties. Berlin n'est pas une petite bourgade médiévale dont on peut ouvrir ou fermer les portes au gré des humeurs du bourgmestre ou du responsable de l'octroi : c'est une ville au statut international, et il va falloir le rappeler au gouvernement est-allemand, qui théoriquement ne devrait d'ailleurs même pas s'en occuper, et surtout au Kremlin. On le pressent à Berlin-Est, on le sait bien à Moscou. Seulement, les conséquences politiques et pratiques de cette réaction instinctive vont être complexes à mettre en place.

D'abord parce que, tout bêtement, on est en pleines vacances estivales, de surcroît avec un pont du 15 août qui fait de ce week-end de quatre jours une sorte de trou noir (ce n'est pas un hasard, au demeurant, si cette date a été choisie côté Est). John Fitzgerald Kennedy, qui a succédé à « Ike » Eisenhower à la Maison Blanche moins de sept mois plus tôt, villégiature dans l'élégante résidence de famille de Hyannis Port, au Cape Cod, dans le Massachusetts. Il ne jugera pas utile d'interrompre ce réparateur séjour. Son secrétaire à la Défense, Robert McNamara, est également en vacances. Et son secrétaire d'État (autrement dit son ministre des Affaires étrangères), Dean Rusk, va même, un peu plus tard dans la journée, se signaler par une déclaration pour le moins maladroite, en tout cas dans sa seconde partie, comme on le verra.

Le Premier ministre conservateur britannique, Harold MacMillan, arpente en touriste, quant à lui, le nord de l'Angleterre. Le général de Gaulle est sur ses terres à Colombey-les-Deux-Églises, et il sera le plus facile à joindre car sa maison de la Boisserie est, bien sûr, reliée en permanence avec l'Élysée, d'où la permanence du cabinet présidentiel a pu le joindre sans retard ; mais le chef de son gouvernement, Michel Debré, est, comme son collègue anglais, en vacances itinérantes pour quelques jours.

Au fond, le seul à être resté chez lui en ces jours estivaux est le chancelier Adenauer. On le trouve tout de suite dans sa maison de Röhndorf, près de Bonn qui est la capitale de la RFA depuis sa création en 1949 et le restera jusqu'à la réunification allemande quarante et un ans plus tard. Le problème est que, le statut de Berlin étant ce qu'il est, le chef du gouvernement ouest-allemand est justement celui dont on a le moins besoin !

Du moins formellement et dans l'immédiat, étant entendu qu'il est très rapidement informé par les observateurs alliés à Berlin.

Des Alliés avec lesquels, explique-t-il après avoir eu une discussion avec son ministre des Affaires étrangères, Heinrich von Brentano, ainsi qu'avec le chef du groupe chrétien-démocrate au Bundestag, Heinrich Krone, il doit d'abord... se concerter. Il est vrai qu'il aura à l'adresse des « frères et sœurs de l'Est », quelques jours plus tard devant les députés, des mots forts et même prophétiques : « Un jour, croyez-moi, vous serez unis à nous dans la liberté. »

Les états-majors alliés de Berlin ont été, bien sûr, prévenus eux aussi dès que l'on a pu constater le début de l'opération « Muraille de Chine ». À 10 heures du matin, ce dimanche, se réunissent les généraux Albert Watson (États-Unis), Rohan Delacombe (Royaume-Uni) et Jean Lacomme (France). L'hypothèse est brièvement évoquée de faire voler en éclats, pour imposer le respect des accords internationaux, les barrières encore modestes qui ceignent désormais Berlin-Ouest. C'est un peu se faire plaisir avec des mots : une telle réaction, fût-elle fondée en droit, ouvrirait la porte à d'incontrôlables dérapages possibles. L'affaire, concluent sagement ces hauts officiers, dépasse largement la capacité de décision des responsables locaux des garnisons alliées, elle relève des dirigeants politiques et d'eux seuls.

Naturellement, on va se tenir prêt à faire face à tout ce qui pourrait arriver dans ce contexte nouveau. Mais il ne peut être question de mener une contre-offensive, ni même d'en afficher l'intention. D'ailleurs, les effectifs militaires de l'Ouest et de l'URSS, sans même parler de l'armée est-allemande qui doit être prise au sérieux, sont très disproportionnés. Il y a en août 1961 onze mille soldats occidentaux à Berlin-Ouest (dont, rappelons-le, aucun Allemand, toujours en vertu des traités) et, autour d'eux, quelque soixante mille Soviétiques. Plus l'ensemble des forces du Pacte de Varsovie : celles de l'OTAN, sans être bien éloignées, sont tout de même évidemment cantonnées, en Allemagne, à la seule RFA.

Bien sûr, un vrai affrontement militaire autoriserait la rupture de toutes ces règles, et l'appui armé de l'Occident serait sans doute rapide et massif ; mais qui peut sérieusement souhaiter en arriver là ? Et puis, les soldats et policiers de la RDA n'ont pas tiré un seul coup de feu pour l'instant, même si ce qui vient de se passer dans la nuit est déjà, en soi, une violation grave du statut international de la ville.

Bref, tout le monde en convient, il est urgent d'attendre. Et c'est ce que les politiques vont faire ; sans gloire, malgré un communiqué de presse peu amène à l'égard du Kremlin. Au point que dans le courant de la journée, si la population berlinoise exprime inlassablement sa colère contre le gouvernement est-allemand et ses protecteurs soviétiques, elle se laisse aussi gagner par une grande amertume à l'égard des Alliés, lesquels lui semblent bien peu pressés de riposter à un coup de force qui bafoue à l'évidence leur autorité juridique, politique et morale, mais pourrait bien aussi viser à tester leur capacité de riposte en vue d'autres étapes plus redoutables encore. Et cette capacité, se désole la rue berlinoise, s'affiche comme nulle.

Et les autorités municipales de Berlin-Ouest, au fait, comment réagissent-elles ? Après tout, elles ont sur celles du secteur soviétique l'immense supériorité de procéder du libre exercice du suffrage. Et puis, elles ont à leur tête un homme à la personnalité exceptionnelle, qui va se révéler dans cette épreuve et qui le mènera jusqu'à la chancellerie : le social-démocrate Willy Brandt. Le problème, c'est qu'on est en pleine campagne électorale nationale en RFA, et que seul son adjoint (chrétien-démocrate, lui, car il s'agit d'une municipalité de « grande coalition », comme on dit en Allemagne, c'est-à-dire gauche-droite), Franz Amrehn, qui était chez lui, a pu être joint dans la nuit par l'état-major de la police de Berlin-Ouest, lequel lui a d'ailleurs semblé minimiser quelque peu la crise.

Brandt, lui, court les meetings, en train, quelque part entre Kiel et Munich ! Heureusement, on arrive à joindre par téléphone, grâce au chef de gare de Nuremberg, son attaché de presse, Egon Bahr, qui jouera plus tard un rôle important dans la gauche allemande et les affaires entre RFA et RDA. Autre temps, autres mœurs : pas plus qu'il n'y a eu d'observation satellitaire pour prévoir en détail l'opération de Berlin (alors que moins d'un an plus tard les Américains repéreront dans l'espace en temps réel, les livraisons de rampes de missiles soviétiques à Cuba), il n'y a de téléphone portable pour appeler sur la route, quelle que soit l'importance de la crise, une personnalité politique majeure…

Willy Brandt rentre donc à Berlin toutes affaires cessantes, et y réunit, dans l'après-midi, une cession d'urgence du Conseil municipal. Les élus de la ville réclament aux Alliés une réplique énergique. À ce moment-là, il est environ 17 heures et, comme en réponse, tombe la dépêche reproduisant la déclaration de Dean Rusk.

Le secrétaire d'État américain commence par souligner que le régime communiste est-allemand, en enfermant son propre peuple, viole le statut quadripartite de Berlin et avoue son échec. Mais il ajoute aussi, et cela lui sera très abondamment reproché dans la population qui y voit l'annonce d'une sorte de désengagement hypocrite : « Jusqu'à présent, les mesures prises ne visent que les habitants de Berlin-Est et de la RDA, non la position des Alliés à Berlin-Ouest ou leur accès à la ville. » Autrement dit, tout cela n'est certes pas très convenable, c'est même fortement critiquable, mais enfin cela ne nous concerne au fond qu'assez peu, nous autres Occidentaux.

Au fur et à mesure que s'égrènent les heures de ce long dimanche caniculaire, les Berlinois, eux, se sentent de plus en plus directement concernés. Et ils vont, pour profiter des dernières approximations, des ultimes flottements du dispositif qui se met en place sous leurs yeux pour les enfermer, développer d'instinct ces trésors d'ingéniosité qui, durant plus de cinq lustres, nourriront la petite chronique héroï-comique, mais aussi parfois terriblement tragique, des franchissements du Mur.

Il y a tout d'abord l'exploitation des bizarreries du tracé de ce qui n'est encore qu'une clôture, mais sévèrement gardée en principe, on l'a vu. Pour franchir la Spree, un canal ou même une petite portion de lac, par exemple, il n'est pas nécessaire d'être un champion de natation, et la saison fait que l'eau est presque tiède. La veille encore, d'ailleurs, n'allait-on pas s'y tremper pour le plaisir ? Cette fois-ci, les plus hardis organisent des baignades libératrices, puisque la surveillance aquatique est encore relâchée, contrairement à celle de la frontière terrestre, et qu'à plus forte raison aucun obstacle matériel n'a été immergé, comme ce sera rapidement le cas par la suite, pour s'opposer à ces évasions particulières (certaines, on le verra, singulièrement aventureuses et pittoresques). Dans l'immédiat, il s'agit de trouver un coin propice et de se jeter à l'eau, au propre comme au figuré, avec parfois toute une marmaille accrochée à des flotteurs de fortune, vieilles chambres à air, blocs de bois léger, bidons métalliques vides… Bien sûr, à certains endroits les VoPo pourraient tirer. Ils ne le feront pas, pour autant en tout cas qu'aucun gradé ne les surveille.

Il y a, aussi, ces singularités de terrain qui caractérisent souvent les frontières tracées après coup et à la hâte, surtout en milieu urbain. D'autant plus que longtemps, celle qui fractionnait Berlin en quatre secteurs, en fait en deux moitiés, l'occidentale et l'orientale, n'a pas fait l'objet d'une matérialisation stricte sur le terrain, à part, bien sûr, là où avait été installé l'un des 87 points de passage (désormais, il n'y en aura plus que 13). Donc, bien des immeubles collectifs, en particulier sur la Bernauer Strasse, ce qui donnera à cette artère du secteur français un rôle particulier, et aussi dans la périphérie bien des maisons individuelles, sont à cheval sur la ligne de démarcation.

On entre par l'Ouest, et le jardin de derrière est à l'Est, ou bien c'est l'inverse, ou encore c'est une sortie de cave, un appentis, un modeste chalet d'aisance en plein air, qui sont d'un autre côté que le bâtiment principal… La géopolitique à l'épreuve des potagers et des cabinets de jardin ! Certains s'amusaient même à constater par exemple : « Chez moi, je dîne à Berlin-Ouest, dans ma salle à manger, puis je vais dormir à Berlin-Est, ou en RDA, dans ma chambre à coucher. »

On imagine le parti que certains esprits imaginatifs vont immédiatement en tirer : on entre du côté soviétique, on ressort vers le jardin qui donne sur le côté occidental une bêche ou un râteau sur l'épaule – après tout, c'est dimanche, le jour préféré des amateurs de jardinage – et puis il ne reste plus, après s'être débarrassé de l'outil qui serait tout de même encombrant, notamment dans le métro, qu'à continuer son chemin vers la liberté. Naturellement, ce genre de stratagème n'aura qu'un temps, que déjà l'on pressent bref même si, là aussi, certains gardes est-allemands savent regarder charitablement ailleurs quand il faut ; et puis il suppose de partir tout seul, une exigence qui, pour de très estimables raisons, dissuadera inlassablement de sauter le pas à de très nombreux aspirants au départ.

Un jeune homme de Berlin-Est va même monter, en très peu d'heures, un dispositif qui mérite d'entrer dans la (petite) Histoire. Il a tout de suite pressenti que ce qui est en train de se mettre en place restera une longue, très longue contrainte ; et comme il a à la fois une jolie fiancée et de bons camarades qui ne demandent, comme lui, qu'à passer à l'Ouest définitivement, ce qu'ils se reprochent tous amèrement de n'avoir pas fait tranquillement la veille encore, il part au bras de la belle après avoir recommandé à ses futurs complices de le suivre à quelque distance, et de façon la plus dispersée possible.

Les deux tourtereaux s'en vont flâner, bras dessus bras dessous, le long des barbelés nouvellement installés dans la Lennestrasse, pas très loin de la Porte de Brandebourg et de la Wilhelmstrasse, donc vraiment un quartier central. En curieux, et surtout pas en manifestants, encore moins en fuyards potentiels, affichant ce souriant désœuvrement postprandial qui est un des signes extérieurs les plus sûrs de l'ennui dominical, tout particulièrement en régime totalitaire (mais, pour être franc, point seulement). Il y a un talus à cet endroit de la rue, à l'époque ; les jeunes gens s'asseyent, lui se fait apparemment un peu entreprenant et les VoPo qui les observent machinalement s'amusent : voici au moins un joyeux luron qui ne semble pas autrement préoccupé par les événements ! La main qui, mise à l'abri des regards sous la jupe de la jeune fille, semble s'activer à de coupables explorations, est encore beaucoup plus aventureuse que n'osent l'imaginer les policiers, un instant plus sensibles il est vrai au physique avantageux de ladite fiancée qu'aux rudes réalités stratégiques qu'ils sont en train de vivre : elle tient une cisaille et est en train de couper les barbelés.

Sur un coup de sifflet annonçant le succès de l'opération, le jeune couple et ses copains regroupés aux alentours se ruent de l'autre côté. Éberlués, peut-être secrètement envieux (à double titre…), les VoPo ne tirent pas. Deux d'entre eux le paieront de trois ans de forteresse : le chef de poste pour « conduite de nature à nuire à l'État socialiste », son adjoint pour « manque de vigilance durant la garde ». Dans un cas et dans l'autre, comme on dit, ça ne s'invente pas.

Le verdict peut sembler d'une absurde sévérité, surtout aujourd'hui. Mais, outre qu'il eût certainement été bien plus radical encore dans d'autres dictatures communistes, à commencer bien sûr par l'URSS, il reste relativement clément comparé aux peines qui ont frappé d'autres Allemands de l'Est ayant, soit délibérément, soit instinctivement et au dernier moment, soit encore de manière tout à fait involontaire, aidé des compatriotes à s'évader durant cette journée où l'enfermement ne fait que se mettre en place.

On pourrait notamment citer le cas de ce jeune soldat de la Volksarmee qui, ayant barré le passage à un enfant de cinq ans qui lui explique qu'il doit rentrer chez lui à Berlin-Ouest, affiche son embarras, hésite et, sans être sans doute totalement convaincu par les explications embrouillées que lui débite le garçonnet, finit par lever le rouleau de barbelés pour lui permettre de franchir la ligne. Le gamin n'a pas sitôt disparu qu'un petit groupe de ses collègues vient l'arrêter. La photo, tellement métaphorique, qui le représente en train d'écarter l'obstacle devant son très jeune interlocuteur, fera le tour du monde. Mais nul nc saura jamais qui il était, ni surtout ce qu'il est devenu.

Une autre photo de ce dimanche 13 août 1961, appelée à une gloire internationale sans doute supérieure encore, est celle que le grand reporter Klaus Lehnartz a la chance de pouvoir prendre de ce soldat est-allemand que l'on voit, levant son fusil au-dessus de sa tête pour bien afficher le caractère totalement pacifique de son intrusion, sauter par-dessus un autre rouleau de barbelés pour se précipiter vers le secteur occidental. Lui, on sait de qui il s'agit, puisqu'il a réussi à passer à l'Ouest avant que ses compagnons d'armes aient pu l'abattre : il s'appelle Conrad Schumann. Et il a eu, en quelques secondes, la certitude que sa vie se jouait là, et doublement, même : rester, peut-être bien à jamais, ou bien choisir la liberté ; ne rien remettre en cause, ou bien risquer, sitôt que son geste aurait été vu, d'être fauché par une rafale. L'histoire somme parfois les êtres de se prononcer dans l'instant, et c'est ce que le soldat Schumann a fait. Soit dit en passant, Klaus Lehnartz a gardé de ce reportage la passion du Mur et de ses franchissements, et il a notamment immortalisé plusieurs autres tentatives d'évasion. Dont celle, célèbre à Berlin mais malheureusement mortelle pour le conducteur du camion utilisé à cette fin, du point de contrôle de la Heinrich Heine Strasse, quelques mois plus tard, le 18 avril 1962.

Côté Est, il est naturellement interdit de la manière la plus stricte de prendre des photos, non seulement d'évasions bien sûr – on n'en est d'ailleurs pas encore, en ce premier jour de vrai bouclage, à promulguer explicitement de telles mesures, qui restent à la discrétion des patrouilles – mais même du déploiement militaire et policier sur la ligne de démarcation. À plus forte raison cette interdiction restera-t-elle strictement observée par la suite. Heinz Grimm, le courageux photographe est-allemand qui avait prétendu fixer sur la pellicule les obsèques d'une des jeunes victimes tombées au pied du Mur de la Honte, Peter Fechter, un maçon de dix-sept ans abattu un an presque jour pour jour après le bouclage, le 17 août 1962, dans des circonstances sur lesquelles nous reviendrons, purgera deux ans de prison à Berlin-Est, outre que ses photos de l'enterrement seront évidemment détruites par la police.

Et c'est bien pourquoi l'on manque, même aujourd'hui où les archives sont ouvertes, de témoignages visuels sur la façon dont a été vécu l'événement « de l'autre côté », alors que l'on en possède beaucoup sur la vision qu'en ont pu avoir les Berlinois de l'Ouest. Il est vrai que, très ouvertement en ce dimanche 13 août, les incidents se multiplient. Ils n'auront jamais de caractère réellement militaire, certes : pour dire les choses simplement, personne ne fera usage d'armes, quelles qu'elles soient et d'aucun côté. Mais sans parler des premiers franchisseurs clandestins de cet encore « futur Mur », qui est donc déjà un très sérieux barrage, on observe nombre d'accrochages aux nouveaux postes de contrôle.

Un mot sur la réduction très prononcée de leur nombre. On pourrait penser qu'après tout, passer de 87 barrages à 13 n'est pas forcément une catastrophe, si les (plus rares) nouveaux sont bien équipés, plus larges, plus modernes, mieux dotés en personnel. Le problème est qu'il n'en est rien : on s'est contenté ce jour-là, et l'on se contentera longtemps par la suite à très peu près, des anciens effectifs et des vieilles installations. Lesquelles, étant près de sept fois moins nombreuses désormais, écluseraient déjà au ralenti les candidats au passage ; et que dire du renforcement considérable de la nature même des contrôles ! La perspective d'y passer un temps considérable, alors que jusqu'au samedi 12 août encore il s'agissait le plus souvent d'une formalité à peine plus ennuyeuse que, disons pour un

Français ou un Allemand, l'entrée légale dans un pays extérieur à l'espace Schengen aujourd'hui, a évidemment de quoi dissuader les curieux et faire trembler les suspects. Elle est d'ailleurs exactement faite pour cela…

Parmi ces points de passages, l'un va acquérir une notoriété internationale, surtout dans les trois pays de la zone occidentale de Berlin : *Check Point Charlie*, qui leur est réservé. Ce nom de « Charlie », qui a quelque chose d'allègrement américain (ou peut-être de gaullien, qui sait, à l'époque ?), est en fait dépourvu de toute allusion, ou de tout mystère. Les sas entre les deux Berlin, devenus beaucoup moins nombreux, se voient attribuer non plus des chiffres, mais des lettres. Celui-ci, sur la Friedrichstrasse, entre les quartiers du Mitte (en zone soviétique) et de Kreuzberg (en secteur américain, on ne pouvait faire plus lourdement symbolique), sera désigné par la lettre C ; laquelle, comme ne l'ignorent ni les aviateurs ou les marins ni les amateurs de récits de guerre, se prononce *Charlie* en alphabet phonétique de radio.

Et donc, à ces points de passage brusquement si réduits, il y a encore, dans l'après-midi, une foule qui se presse pour regagner très officiellement, très ouvertement, Berlin-Ouest où elle réside. Il s'agit de tous ceux qui ont passé la nuit à l'Est, se sont levés tard sans rien savoir encore, et se trouvent bien ennuyés d'être bloqués de l'autre côté (ajoutons que tous ne sont d'ailleurs pas nécessairement ravis de devoir s'en expliquer, pour des raisons qui ont peu à voir avec la politique et beaucoup avec la vie privée). Des cas existent d'ailleurs dans l'autre sens : ce sera sans doute une des toutes dernières circonstances où des citoyens de Berlin-Est devront se gendarmer pour regagner *leur* moitié de ville.

Heureusement, ces retards et complications peuvent être communiqués par-dessus les lignes de soldats et de barbelés, grâce à celles, souterraines, du téléphone. Celui-ci fonctionne toujours très librement, ce dimanche, entre les deux parties de Berlin. Bien sûr, d'innombrables écoutes existent déjà ; les autorités est-allemandes y ont pourvu pour ce qui les concerne, les spécialistes du KGB aussi, et l'on peut également faire confiance aux services de renseignements occidentaux pour suivre aussi de près les conversations de certains présumés « agents soviétiques » ou assimilés. Mais même en ces temps où le téléphone est moins généralisé qu'aujourd'hui, trois millions de Berlinois, avec d'innombrables administrations, quatre armées étrangères dans la place et des milliers de sociétés industrielles et commerciales de toutes tailles, forment un ensemble dont la surveillance méthodique et permanente est impossible. Et les informations circulent, ce jour-là, à un train d'enfer, d'autant plus qu'elles peuvent aussi transiter par l'une ou l'autre Allemagne, voire les deux.

Dans les rues, sur les places, les esprits s'échauffent tout de même alors que descend sur la ville une très relative douceur vespérale. Là où les Berlinois de l'Ouest peuvent s'approcher des gardes est-allemands, ces derniers en viennent à utiliser les lances à incendie des pompiers pour disperser les manifestants, par-dessus ce mur encore virtuel qui ne connaîtra pratiquement plus jamais de tels échanges. Et la foule massée en haut de l'avenue du 17 juin 1953 scande inlassablement : « Budapest, Budapest ! »

C'est tenter bien vainement, par ce rappel sinistre de la façon dont fut matée dans le sang, par les chars soviétiques, l'insurrection populaire hongroise de 1956, de faire honte à un régime qui, justement, a décidé de ravaler en une fois toute vergogne, et, s'affichant désormais pour ce qu'il est, de passer à visage découvert du socialisme de caserne au socialisme de prison.

En fait, ce sont plutôt les Alliés que ce rappel embarrasse : pas plus qu'ils n'ont réellement bronché pour Budapest (ni, soit dit en passant, pour Prague en 1948, vingt ans avant de n'en pas faire davantage pour l'écrasement du « printemps tchèque » en 1968), ils n'envisagent d'ouvrir un nouveau conflit majeur en Europe pour protester contre ce Mur de Berlin qui ne fait encore que se dessiner.

La propagande de l'Est laissera croire, lorsqu'elle sera vraiment obligée d'en faire mention, que l'immense *bronca* populaire contre les événements de la nuit du 12 au 13 août 1961 a été téléguidée par les États-Unis et les autres puissances occidentales. C'est loin d'être le cas ! C'est même l'inverse, au fond : ces manifestations compliquent au contraire le jeu des Alliés, qui iront jusqu'à demander à la police de Berlin-Ouest de disperser, en douceur quand même mais enfin de disperser, les rassemblements protestataires... de l'Ouest.

La déception des Allemands, à l'Est sans doute mais elle ne peut s'y exprimer, côté occidental à coup sûr en tout cas, sera grande. Dans quelques jours, l'organe central du SED, *Neues Deutschland*, reproduira avec autant de cynisme que de complaisance la une du très populaire quotidien ouest-allemand *Bild Zeitung*, dénonçant sur le mode de l'ironie amère la passivité à l'égard du sort fait aux Berlinois d'un monde libre encore moins enclin à aller mourir aujourd'hui pour Berlin qu'hier pour Dantzig.

Dimanche soir 13 août 1961, la nuit tombe sur l'ancienne capitale du Reich, comme elle n'y était pas tombée depuis longtemps. Quelque chose vient, à l'évidence, de finir ; quelque chose qui n'était pas toujours facile, ni joyeux, bien sûr ; mais à quoi on avait fini par s'habituer. Maintenant, il va falloir apprivoiser une autre réalité. Une période s'achève. On ne sait pas encore, ou du moins pas si précisément, que celle du Mur commence.

# Chapitre VI

## *Qu'allons-nous devenir ?*

LE LUNDI 14 AOÛT 1961 s'ouvre donc une semaine dont les Berlinois, s'ils n'osent sans doute déjà plus en espérer un renversement de situation, attendent du moins, des deux côtés, quelques éclaircissements. La question qui revient le plus souvent dans les conversations, ou simplement dans les têtes, et à l'Est comme à l'Ouest, c'est : « Où allons-nous, qu'allons-nous devenir ? »

Il y a d'abord ce que l'on peut observer sur le terrain, et dont les autorités de la RDA, appuyées par celles des troupes d'occupation soviétiques, semblent ne vouloir faire, très délibérément, aucun mystère, sans y mettre non plus de particulière ostentation : le dispositif se renforce et s'installe. On vit en somme une sorte de confirmation à peine plus appuyée des événements de la nuit du 12 au 13. Les troupes sont relevées et un peu étoffées, guère davantage – et pourquoi, d'ailleurs, faudrait-il renforcer les effectifs ou multiplier les défis puisque l'Occident officiel n'a pas réellement bronché, mieux, puisqu'il a aidé à faire en sorte que les manifestations de protestations, à l'Ouest, ne dégénèrent pas en incidents diplomatico-militaires majeurs ?

On trouve là une des dimensions politiques qui ont tant contribué, avant et bien plus encore après, à faire de tout ce qui tourne autour du statut de Berlin et de son Mur un instrument de mesure très fiable des relations Est-Ouest en général. Sans doute est-ce l'éternel problème de la liberté que de se montrer, à l'égard des dictatures, bonne fille. Non seulement elle ne peut, par nature, recourir aux mêmes moyens qu'elles, mais elle est même soumise directement à leur influence, ou en tout cas à leur propagande, dans la mesure où sont à l'œuvre, sur son propre sol, des formations et des officines qui peuvent ouvertement faire campagne contre ses valeurs ; alors que l'inverse est, bien sûr, impensable, et d'ailleurs techniquement impossible.

Il est vrai que l'image même du Mur a embarrassé un temps les partis communistes occidentaux, à qui, parmi d'autres slogans, les formations démocratiques ont opposé celui qui avait alors cours en France : « Les communistes sont des bâtisseurs : visitez le Mur de Berlin, leur dernière réalisation ! » Mais l'Occident allait constamment montrer combien il préférerait se taire que de risquer une nouvelle période de tension avec Moscou, dans cette crise comme dans presque toutes les autres. À la notable exception de celle des fusées de Cuba l'année suivante – mais le Kremlin avait alors commis l'imprudence décisive de menacer directement la sécurité des États-Unis, et il aura la sagesse tardive de faire presque aussitôt marche arrière. Puis, une vingtaine d'années plus tard, celle des euromissiles, où François Mitterrand à Paris, Helmut Schmidt (et à partir de l'automne 1982 Helmut Kohl) à Bonn, et Ronald Reagan à Washington, allaient faire preuve, à l'égard du « pacifisme » actionné par une URSS forte de ses fusées SS 20, de toute la fermeté exigée par les circonstances.

Dans l'immédiat, et même s'il faut faire aujourd'hui un effort pour le comprendre, on n'en est vraiment pas là. Ce qui marque, dans la réaction de l'Ouest à l'affaire du 13 août 1961, c'est justement… sa quasi-absence. Au point que du côté est-allemand, d'aucuns s'en inquiéteraient presque : et si cette apparente passivité, hormis de vagues protestations de chancelleries, cachait quelque chose de menaçant ? Et si, sous ces apparences lénifiantes, les Américains, l'OTAN, préparaient une riposte, un « coup » qui prendrait tout le monde par surprise ? Après tout, en 1948-1949, au blocus a spectaculairement répondu le pont aérien. Pourquoi n'y aurait-il rien cette fois-ci ?

Il est vrai que l'éventail des ripostes possibles est, cette fois-ci, singulièrement fermé, pour ne pas dire inexistant. Le réalisme est rarement glorieux, mais il a, en l'espèce, le mérite d'être lucide. Sauf à imaginer, mais personne n'en veut à l'Ouest (ni sans doute, d'ailleurs, à l'Est), le déclenchement d'une véritable guerre : imagine-t-on une nouvelle bataille de chars et d'infanterie dans Berlin, des opérations d'artillerie, un débarquement aéroporté ? Avec des conséquences certainement épouvantables, et pour un bénéfice infiniment douteux ? Sans doute quelques Dr Folamour peuvent-ils y rêver un instant dans le bunker de leurs salles d'opérations ; mais aucun gouvernement sensé, si exaspéré (et probablement humilié) soit-il par le comportement de la RDA et donc des Soviétiques, ne peut explorer cette piste plus de quelques instants – juste pour être tout à fait sûr, en fait, qu'elle ne mènerait nulle part, si ce n'est à une nouvelle apocalypse.

D'autant plus que, comme l'a exprimé le communiqué de Dean Rusk avec, au choix, beaucoup de cynisme ou de maladresse, les intérêts propres des trois puissances occupantes occidentales ne sont pas, cette fois-ci, clairement et directement menacés. Là est même, contrairement à ce qui s'était passé pour le blocus, l'habileté soviéto-est-allemande. Les citoyens de la RDA, certes, ne pourront plus profiter de l'étrangeté du statut de Berlin pour s'échapper vers l'Occident. Mais pour les Alliés, comme d'ailleurs pour les habitants de Berlin-Ouest souhaitant se rendre en RFA, et de là où ils veulent, les accès restent ouverts, même s'ils sont parcimonieux. Ils veulent aller et venir, voyager ? Grand bien leur fasse, ce n'est pas le problème de la « capitale de la RDA ». Checkpoint Charlie sera ouvert aux Occidentaux, à leurs diplomates et même à leurs soldats, à leurs tanks, à leurs Jeep, qui peuvent aller patrouiller à Berlin-Est, bien sûr à charge de revanche. Le reste est une affaire interallemande.

Naturellement, ce n'est pas exact en droit international. Juridiquement, les prérogatives des quatre puissances occupantes sur Berlin ne sont pas modulables, divisibles, échangeables. En tout cas, pas sans l'accord des quatre signataires du statut quadripartite de l'ancienne capitale du Reich. C'est un peu comme l'amour maternel tel que le décrivait Victor Hugo en ce célèbre alexandrin : Berlin, « chacun en a sa part et tous l'ont tout entier »... Si ce n'est qu'une fois encore, la réalité se charge de moduler la mise en œuvre de dispositions qui, en 1961, même si elles n'ont encore que quinze ans, semblent déjà un peu appartenir à une époque révolue, pour ne pas dire à la préhistoire.

Curieusement – et c'est peut-être pour l'Ouest un acquis paradoxal et inattendu, ou en tout cas une consolation morale – la stratégie de fermeture du 13 août 1961 marque aussi le terme ultime des concessions occidentales.

Certes, comme on se réveille loin, lundi matin, des dispositions originelles ! Les Berlinois de l'Est sont enfermés – encore ne devinent-ils pas totalement à quel point, pour l'avenir, et que cette situation fera au total, et au fil des années, des dizaines de morts. La RDA peut faire de la partie orientale de la ville, sans plus de ménagements, ce qu'elle était déjà devenue en fait : sa capitale, ce qui reste impossible à la RFA s'agissant de

Berlin-Ouest, pour des raisons juridiques et, plus que tout, pratiques. Qui pourra encore parler du « gouvernement de Pankow » ? Un certain lâchage s'est affiché de la part de Washington, et corollairement de Londres et de Paris, qui fera un mal relativement durable dans les consciences. Le bilan est sombre, et il faut à l'Occident une certaine capacité d'auto-aveuglement pour ne pas en être outre mesure tourmenté.

Mais enfin, on n'ira pas plus loin. Plus jamais. D'une certaine façon, en avançant victorieusement ce pion, le gouvernement est-allemand et, au-dessus de lui, celui de l'Union soviétique ont entériné et pérennisé la division de l'Allemagne, ce qui est, de leur point de vue, logique et prudent, mais aussi celle de Berlin, ce qui marque au contraire une rupture ; ils se sont implicitement résignés à voir le « cancer capitaliste », même ceint de barbelés puis de béton, rester au cœur de la RDA. Ils ont marqué un point important, mais en brûlant leurs vaisseaux.

Dans l'instant, les autorités est-allemandes, passablement soulagées par le manque de réactivité des trois puissances tutélaires de l'Ouest, sont tentées de pousser leur avantage. À 1 heure du matin le mardi, elles décrètent qu'aucun véhicule immatriculé à Berlin-Ouest ne pourra plus franchir la ligne de démarcation, « quels qu'en soient les occupants ». En clair, cela signifie que même les véhicules des diplomates et officiers alliés sont interdits de séjour à Berlin-Est. Certes, rien ne leur interdit de passer à pied. Mais c'est plus qu'une vexation supplémentaire, et la manifestation d'un souci permanent de leur compliquer la tâche : c'est, clairement, une façon d'éprouver, pour reprendre la célèbre formule, « jusqu'où on peut aller trop loin ». Cette fois-ci, quand même, les Occidentaux s'insurgent, précisément parce que la partie adverse touche à leurs prérogatives propres. La mesure est amendée avant même que d'être appliquée, du moins pour les officiels civils et militaires.

Mais leur franchissement de la ligne représentera bien, à l'avenir, une démarche sensiblement plus compliquée : là où l'on pouvait naguère encore parler de simple formalité, lesdites « formalités » l'emporteront désormais largement sur la simplicité. Suscitant du coup, de la part des responsables occidentaux, des exigences protocolaires elles aussi délibérément complexes ; ils reçoivent ainsi pour consigne de ne s'adresser qu'à un personnage de leur rang, ou à peu près, et non à un simple planton.

Au point que, pour éviter d'avoir à parler (surtout... en russe, qu'ils ne sont guère nombreux à maîtriser, hors les membres des services secrets !), ils se font faire une petite pancarte mentionnant en anglais, en français et en alphabet cyrillique : « Je veux parler à un officier soviétique », à brandir derrière la vitre de leur voiture au moment opportun. De jolis écriteaux que s'arrachent aujourd'hui les collectionneurs, et qui serviront beaucoup également le long des autoroutes traversant la RDA pour joindre Berlin et l'Allemagne fédérale. Des autoroutes sur lesquelles, au début, le racket des conducteurs immatriculés en Occident pour excès de vitesse semblait en passe de devenir une vraie ressource d'appoint pour des policiers sous-payés, face à des fonctionnaires occidentaux pressés et ne voulant surtout pas d'histoires…

Le mardi 15 août, le gouvernement est-allemand s'emploie à répandre une rumeur, des deux côtés de la ligne de démarcation : la barrière de barbelés mise hâtivement en place deux jours plus tôt reste décidément bien poreuse (il ne dit évidemment pas dans quel sens ont lieu ces regrettables migrations), et il va devoir la remplacer par un vrai mur. À son grand regret, certes, mais les faits sont là, qu'ont relayés abondamment la télévision, la radio et les journaux de Berlin-Ouest : rien que dans la journée de la veille, il y a encore eu environ quatre-vingts Berlinois de l'Est qui ont pu s'évader en profitant de cette coupable indulgence des autorités communistes. La deuxième phase de l'opération « Muraille de Chine » peut commencer, et la troupe se mettre à construire en dur.

Efficacité allemande ou pas, il faut reconnaître qu'elle le fera sans hâte particulière. Il est vrai que le succès de l'affaire, si l'on peut dire, n'en dépend déjà plus : il est acquis. N'imaginons donc pas un Berlin se découvrant, en quelques jours, ceint de murs. D'abord parce que cela représente tout de même, répétons-le, quelque 167 kilomètres, soit en gros la frontière d'un tout petit État, clairement plus que la principauté d'Andorre, quoique moins que le Luxembourg. On a beau avoir pré-acheminé des plaques et des poteaux de ciment, des bétonneuses et des bulldozers, et pouvoir compter sur une main-d'œuvre gratuite (ou du moins déjà payée à faire autre chose) et abondante, c'est tout de même un gros travail. Mais, plus encore, c'est complexe, à la fois pour des raisons techniques sur lesquelles on reviendra car elles ont leur part de cocasserie, et pour des raisons administratives. Car après son coup de force, le gouvernement est-allemand, sans doute conseillé par les autorités soviétiques, tient à respecter certaines formes.

Or des bizarreries, on l'a dit, il y en a. Par exemple cette petite enclave d'Eiskeller, territoire sous contrôle britannique d'environ 52 hectares à l'ouest de Berlin-Ouest, donc en RDA mais relié à lui par un court chemin presque forestier (il existera au total une douzaine d'autres anomalies terrritoriales de ce type, dans un sens ou plus rarement dans l'autre). Y vit une famille de fonctionnaires anglais dont le fils de douze ans, bien sûr, est scolarisé. Pour aller à l'école, il prend son vélo et traverse – physiquement et administrativement – deux mondes antagonistes. Quelques jours après la mise en chantier du Mur, il rentre chez lui l'air accablé, à l'heure où il devrait être en train de commencer son premier cours du matin : des VoPo, explique-t-il, lui ont barré la route et intimé l'ordre de regagner son îlot occidental. Compréhensible colère des parents, qui saisissent les autorités militaires de sa Gracieuse Majesté, et obtiennent que leur fils soit accompagné sous bonne escorte à son école, pour traverser le petit bout de RDA qui les sépare de Berlin-Ouest.

Chose dite, chose faite : dès le lendemain, le gamin fait route, toujours sur son vélo, suivi à quelques mètres par une automitrailleuse et quatre soldats en armes. Les policiers est-allemands ne se montrent pas, et on ne les verra jamais plus. Le problème est qu'on ne les avait pas vus non plus *avant* cette démonstration de force : devenu adulte, l'ancien écolier britannique avouera qu'il avait affabulé, croyant ainsi échapper à une l'école qu'il n'aimait pas. Voilà au moins une des révélations nées de la chute du Mur qui ne joue pas en défaveur du régime est-allemand, lequel semble n'avoir jamais rien su, à l'époque, de la supercherie et de ses conséquences…

Autre histoire d'enclave, française celle-là : l'affaire du château d'eau de la *Reichsbahn*, l'ancienne puissante compagnie ferroviaire allemande. Statutairement, celle-ci est administrée par la RDA, mais le réservoir, jadis vital pour la circulation des trains à vapeur, est, lui, installé dans le secteur qui dépend de Paris. Les autorités est-allemandes ont fait peindre sur ses flancs, en lettres immenses, « DDR » (*Deutsche Demokratische Republik*, République démocratique allemande). Le gros conteneur de ciment leur appartient indubitablement, mais le territoire sur lequel il se dresse – et se voit de loin, c'est évidemment la raison pour laquelle on l'a ainsi orné du sigle allemand de la RDA – ne relève pas, lui, de leur autorité. Durant des jours, on va discuter ferme. Et puis on trouvera un accommodement alphabétique un peu enfantin : il suffit de supprimer le premier « D »,

Le 20 avril 1945, le drapeau soviétique flotte sur le Reichstag en ruines.

Dans les ruines de Berlin, le rude hiver 1945-1946.

Sur le pont d'Oberbaumbrücke, l'un des mythiques panneaux signalant que l'on quitte le secteur américain (photo prise en 1948).

Les avions alliés du Pont aérien de 1948-1949 se posent en pleine ville au milieu des badauds. 

17 juin 1953 : la révolte ouvrière de Berlin-Est est matée dans le sang par l'Armée rouge et ses blindés. 

Une édition spéciale d
*Morgenpost* annonce, l
14 août 1961, le bouclag
de Berlin : « Berlin-Est
verrouillé, le S et le U
Bahn [lignes de métro
interrompus, des barbelé
dans tous les secteurs d
la frontière, rues barrées
la Volksarmee [armée d
la RDA] entoure Berlin.

© Ullstein Bild/akg-images

Le soldat est-allemand Conrad Schumann, profitant que le Mur n'es
encore symbolisé que par des barbelés, passe à l'Ouest le 15 août 196
sur le Bernauer Strasse, en direction du secteur français.

© Ullstein Bild/Roger-Viollet

Le 16 août 1961, le Mur, là où on a commencé à le construire, ne suffit pas encore à interdire les relations de bon voisinage…

© Suddeutsche Zeitung/Rue des Archives

Le Checkpoint Charlie, en cette fin octobre 1961, n'est encore qu'une installation relativement modeste, mais les militaires de l'Est et de l'Ouest s'y pressent pour aller inspecter « l'autre » moitié de la ville. © Farabola/Leemage

Automne 1961 : la Porte de Brandebourg ne peut déjà plus être vue de l'Ouest qu'à travers des barbelés et par-dessus une ébauche encore rudimentaire du Mur. © Fritz Eschen/Ullstein Bild/Roger-Viollet

À la même époque, des ouvriers est-allemands commencent maçonner le Mur sur la Postdamer Platz, sous la surveillance d policiers et de soldats. © Süddeutsche Zeitung/Rue des Archives

Octobre 1961 : surveillés par des policiers, les Berlinois de l'Est échangent des signes avec leurs compatriotes de l'Ouest, déjà séparés par un large *no man's land*. Le bébé que l'on brandit, sans doute dans l'espoir que les parents du secteur occidental l'aperçoivent, sera au moment de la chute du Mur un adulte approchant de la trentaine…

Dans bien des zones du futur Mur, la clôture, au début, n'empêche pas des départs parfois relativement massifs de la population.

© Tal/Rue des Archives

L'évasion la plus spectaculairement réussie : 57 personnes parviendront à passer à l'Ouest en une seule fois par ce tunnel, à la construction particulièrement élaborée. La photo a réellement été prise durant l'opération, en 1964. © Ullstein Bild/Roger-Viollet

... Et une évasion qui, au contraire, tourne à la tragédie : le jeune Peter Fechter agonise après avoir essuyé des tirs au moment où il tentait de franchir la ligne de démarcation, le 17 août 1962. Le visage du soldat est-allemand, très jeune également, qui se retourne à demi alors que la foule crie sa colère, a lui aussi quelque chose de tragiquement éloquent. 

« Ich bin ein Berliner ! » Le 26 juin 1963, tout près du Mur, le président Kennedy vient dire à la population (et en allemand) qu'il est, lui aussi, Berlinois. © FIA/Rue des Archives

Après une si longue attente, le Mur de Berlin, en ce mois de novembre 1989, n'est plus une séparation mais un trait d'union, un lieu de fête où fraternisent les uniformes. © Gamma/Eyedea

Est-ce le policier est-allemand qui offre une rose à la Berlinoise de l'Ouest, où l'inverse ? Peu importe : le symbole est parfaitement réversible.
©AGIP/Rue des Archives

Sous le regard de Kennedy, ur pan de Mur conservé dans l quartier de Prenzlauer Berg – e un panneau publicitaire pour un des nombreuses boutiques qu vendent des morceaux comm souvenirs.

© Dpa/akg-images

Un autre tronçon du Mur portant le double portrait ironique d Brejnev et Honecker, tiré à l'Ouest, qui avait beaucoup circulé dan les milieux dissidents de Berlin-Est, avec cette légende en alleman et en russe : « Mon Dieu, aide-moi à survivre à ce mortel amour !

© Bundesarchiv

et de transformer « DDR » en « DR » (*Deutsche Reichsbahn*)… Qui niera encore que les diplomates doivent savoir tout faire ?

Cela dit, durant cette première semaine d'après le premier choc, on s'active aussi à Berlin à des choses sensiblement moins futiles. Une surtout, qui est tout simplement la construction du Mur. Car très vite se met en place un vaste chantier, dont chaque portion peut sembler relativement modeste, car on n'en est pas encore à construire l'ensemble des dispositifs antiévasion qui deviendront, sans autre précision, « le Mur », mais dont l'ensemble, étiré sur tant de kilomètres, est d'ores et déjà considérable.

Cette fois-ci, ce sont bien des ouvriers du bâtiment, contrairement à ce qu'avait semblé promettre ironiquement Walter Ulbricht deux mois plus tôt, qui sont réquisitionnés. Mais ils travaillent sous la « protection », c'est-à-dire en fait sous le constant contrôle, pour ne pas dire la contrainte, de policiers et soldats de la RDA. On commence par élever un mur de béton qui n'est pas encore bien épais, ni bien haut, entre 1,20 mètre et 1,50 mètre, de sorte que l'on peut très bien regarder par-dessus et que personne ne s'en prive. Ce mur, dans l'immédiat, ne court que dans quelques endroits de la ville qui sont jugés prioritaires, comme la vaste Potsdamerplatz, ou l'imposante et symbolique Friedrichstrasse. Ailleurs, on se borne à poser, en attendant d'y revenir truelle en main, une haute clôture métallique, et de disposer les premiers obstacles antivéhicules.

Mais même si par rapport au résultat final ces premiers travaux peuvent sembler encore modestes, ils n'en marquent pas moins le début d'un processus qui sera mené à son terme avec rigueur et méthode. Il y a certainement longtemps que certains en rêvaient en Allemagne de l'Est, à commencer par Erich Honecker, qui n'est encore, à l'époque, que le responsable des questions de sécurité au sein du SED – autrement dit de l'espionnage et de la police politique, double qualification qui en fera très logiquement le grand patron de l'État et du parti. Il restait cependant à mettre en œuvre ce programme d'enfermement de la population, et ce n'était pas chose facile. Du fait de la topographie, comme on l'a dit, mais aussi parce que le régime a la hantise de possibles défaillances techniques dans le dispositif, et aussi de « trahisons » dans les équipes chargées de bâtir le Mur, et de se surveiller mutuellement.

C'est bien pour cette raison que l'on multiplie des organismes, administrations et corporations impliqués dans l'opération « Muraille de Chine », et qui ne seront jamais moins de cinq à collaborer sur le terrain. Il y a, d'abord et bien sûr, la Stasi, cette « Sécurité de l'État » tellement omniprésente en RDA, avec ses dizaines de milliers de fonctionnaires et ses centaines de milliers d'indicateurs volontaires ou non, qu'elle est d'ores et déjà consubstantielle à la RDA, et qui en l'occurrence assure la surveillance politique des opérations, et encore une fois la « protection » des autres. Protection non pas contre « l'ennemi impérialiste » ou les « revanchards de Bonn », bien sûr, si benoîtement passifs pour l'essentiel, mais contre de possibles et funestes tentations…

Il y a, aussi, la NVA autrement dit l'armée « nationale-populaire » ; les VoPo ; la police des frontières (*Grenzpolizei*), qui en droit international bien compris n'aurait strictement rien à faire à Berlin – mais on n'en est certes plus là ! – ainsi que les milices ouvrières, en fait très peu ouvrières (l'adjectif a à cette époque, dans le discours officiel de la RDA comme des autres satellites de l'URSS, la même valeur que « populaire » ou « démocratique »), mais assez largement miliciennes, groupes de choc de militants très sûrs du SED, personnellement formés et encadrés par Honecker. Eux au moins ne risquent pas d'éprouver, contrairement à certains jeunes gens qui font tout simplement leur service militaire, le moindre état d'âme à l'égard de la construction du Mur.

Laquelle, comme elle ne saurait passer inaperçue, doit être présentée sous un jour positif, voire joyeux, à la population est-allemande, et aux adhérents des « partis frères » européens qui sont encore nombreux à cette époque, en France et en Italie notamment. Il n'est donc pas question de la donner pour ce qu'elle est – le réflexe de précaution, pour ne pas dire l'aveu infiniment triste, d'un régime qui a perdu depuis longtemps, s'il l'a jamais eu, le soutien d'une population qu'il doit enfermer pour l'empêcher de fuir – mais plutôt de mettre en scène sous des couleurs pimpantes cette opération de « défense des acquis du socialisme ». Donc, on envoie sous l'œil des caméras de la télévision et l'objectif des photo-reporters de la presse communiste, en tête de laquelle l'inévitable *Neues Deutschland*, organe du Comité central du SED, les « Pionniers », autrement dit les enfants et adolescents embrigadés par le parti, distribuer fleurs, boissons, friandises et encouragements aux malheureux préposés à l'édification du Mur. Là aussi, Honecker est à l'œuvre, qui a lui-même dirigé durant la décennie précédente les FDJ (*Federation der Deutschen Jugend*, « Fédération de la jeunesse allemande »). Ces jeunes gens en uniforme et foulard rouge relèveront même, à l'occasion, les ouvriers du bâtiment affectés au chantier mais dont la présence est jugée indispensable dans leur entreprise d'origine. *Neues Deutschland* qui donne le ton : le Mur vise à rien de moins que d'assurer « la paix et la sécurité de la RDA », voire à « protéger nos enfants des kidnappeurs » *(sic)*. Et dès le mardi 15 août, il écrit triomphalement : « C'est fantastique comme tout a bien marché ! »

Ce qui va en outre impressionner les observateurs, à ce stade où la démarcation est encore loin de présenter l'aspect terriblement dissuasif qu'on lui connaîtra plus tard, c'est le souci des responsables est-allemands de l'éclairer toute la nuit brillamment, dans le double souci de rendre tout franchissement clandestin infiniment plus difficile, mais aussi de permettre aux ouvriers d'y travailler, par roulement, vingt-quatre heures sur vingt-quatre. Plus que le réseau de la ville, déjà trop faible, ce sont les groupes électrogènes de l'armée, alimentés d'un pétrole soviétique qui ne leur manquera jamais, qui fournissent le courant aux projecteurs régulièrement disposés le long de la ligne. Et aussi des canaux comme celui de Teltow, large et fréquenté, qui sépare le quartier de Neukölln, à l'Ouest, de celui de Treptow-Köpenick, à l'Est, qui pourraient se prêter à des évasions.

Autre souci des responsables est-allemands : le sous-sol. Comme toute très grande ville, Berlin dispose d'un impressionnant réseau d'égouts et de passages souterrains divers, sans parler du métro (qui y est assez souvent aérien, il est vrai, hors du centre, et encore). Bien sûr, le citoyen moyen ne s'y promène pas plus librement qu'à Paris ou à Londres ; et il n'est techniquement facile ni d'y pénétrer, ni de s'y orienter, ni d'en sortir – surtout en étant sûr de se trouver du « bon côté » ! Mais enfin, il y aurait inévitablement là une façon de changer de secteur qui, pour peu que l'on s'assure quelques complicités, pourrait même permettre des évasions collectives, voire massives.

Donc, on va boucher méthodiquement les passages possibles, quitte à laisser passer l'eau par des grilles ou des siphons, et cadenasser soigneusement les armoires électriques commandant l'éclairage (et éventuellement la ventilation) de tout ce qui serait susceptible de conduire de l'Est à l'Ouest. Disons dès maintenant que malgré tout, quelques passants du secteur occidental auront parfois, les premiers temps, la surprise un peu surréaliste d'entendre, souvent en pleine nuit, quelqu'un frapper à une plaque d'égout en appelant à l'aide. Puis, émerger un peu hébété d'un souterrain mal ou pas encore verrouillé, et d'un monde qui ne tardera pas, lui, à l'être complètement…

Certaines artères de la ville, situées à la frontière entre les deux Berlin, posent en outre un problème particulier : les entrées des immeubles sont clairement à l'Est, mais beaucoup de fenêtres, et même d'ailleurs de portes, donnent sur l'Ouest. C'est en particulier le cas de la bientôt mythique Bernauer Strasse, qui longe le secteur français. La police est-allemande se fait donc, dès les premiers pas de la construction du Mur, remettre toutes les clés, et bouche hermétiquement tout ce qui peut ouvrir sur la partie occidentale de la ville : des entrées secondaires, mais aussi des centaines de fenêtres au total, seront bientôt maçonnées. La Bernauer Strasse deviendra un peu plus tard une sorte de contre-vitrine du régime de la RDA, car on y édifiera, côté Ouest bien sûr, une sorte belvédère de bois d'où les visiteurs, anonymes où illustres, pourront avoir, par-dessus le Mur devenu haut et la zone interdite devenue, elle, très large, un aperçu particulièrement lugubre et quasi désert de Berlin-Est. Au moins les autorités est-allemandes ne pourront-elles être accusées le moins du monde d'y avoir édifié une sorte de « quartier Potemkine » destiné à corriger leur image…

Il y aura bien de-ci de-là quelques tentatives, au demeurant modérées, pour mettre le régime en face de la dramatique responsabilité qu'il vient de prendre en enfermant son propre peuple sous couleur de le « protéger ». Mais le quadrillage policier est si serré que les choses ne peuvent aller bien loin. Un exemple parmi tant d'autres : visitant une usine de câbles électriques à Oberspree, Erich Honecker se fait interpeller par des ouvriers qui lui demandent : « Sais-tu seulement, camarade, ce que pense vraiment notre peuple de tout ce qui vient de se passer ? » Celui qui n'est encore – mais c'est toujours dans un régime policier un poste redoutablement important – *que* secrétaire aux questions de sécurité se contente de passer son chemin en haussant les épaules ; mais ces huit contestataires seront arrêtés et incarcérés dès la fin de sa visite. Pour les faire taire et les punir, sans doute ; pour en dissuader d'autres de les imiter, surtout.

De même fait-on, dans Berlin-Est, la chasse aux antennes un peu voyantes ; mais celles de télévision sont encore rares en ce début de décennie soixante ; plus tard, elles proliféreront, bien sûr, là comme ailleurs, mais le régime aura alors fait une croix sur son image, y compris dans une population de RDA passée sans guère de transition du national-socialisme à ce socialisme en principe national, en fait imposé par Moscou, et dont il ne peut ignorer qu'elle s'informe essentiellement avec la radio et la télévision de l'Ouest.

Mais, donc, tout se passe en effet, comme l'a écrit *Neues Deutschland*, incroyablement « bien ». La Stasi quadrille la ville, aidée de quelques escouades de militants communistes très sûrs, et tout contestataire est aussitôt entouré, non pas d'uniformes voyants, mais d'agents en civil, couleur de muraille – pour ne pas dire de… Mur – qui se saisissent aussitôt des mécontents par trop imprudents, et les emmènent dans une de ces voitures soviétiques noires dont dispose l'appareil officiel vers l'un des innombrables lieux même pas vraiment secrets où le régime embastille, interroge, fiche et tabasse ses opposants. En attendant soit une relaxe après si possible un utile « retournement » en échange de quelques faveurs et indulgences, soit un jugement qui les enverra pour des années en prison.

C'est la très triste routine de toutes les dictatures du monde, communistes ou non, et dont les Berlinois de l'Est peuvent à la rigueur se dire avec l'amertume que l'on imagine que nazisme et stalinisme furent en général bien plus expéditifs encore, mais qui n'incite pas à l'expression de ses sentiments réels une population qui apprendra vite que pour les mécontents, le danger est partout, et la sécurité nulle part. Pas même chez eux, puisque les logements des contestataires repérés par la Stasi seront « sonorisés » par des micros cachés, tandis que l'on installera au contact des plus connus ou présumés dangereux d'entre eux des « voisins » attentifs, pour telle ou telle raison, à rendre compte à la police politique. Comme on dit alors, non seulement à Berlin-Est, mais dans toute l'Europe orientale, en reprenant ironiquement une expression russe qui a rapidement pris un double sens tant en URSS que dans les pays satellites du Kremlin : « *Vsio normalno* », « Tout est normal ». Autrement dit, tout est sous le strict contrôle des autorités…

Une exception, tout de même, à l'affichage de cette « normalisation », comme on dira dix-sept ans plus tard après l'écrasement du Printemps de Prague : ces dizaines de milliers de travailleurs « frontaliers » qui allaient gagner à l'Ouest, chaque jour, des salaires particulièrement bienvenus à l'Est. Dès que la fermeture a été proclamée, ils ont été empêchés de reprendre leur travail. Et à partir du lundi matin 14 août, ils errent dans les rues et sur les places, en attendant que le régime ne s'occupe sérieusement d'eux – ce qu'il ne tardera pas à faire, bien sûr : à tous égards, la présence d'une telle masse de chômeurs, enclins entre tous à regretter là liberté de circulation désormais retirée à la population, est insupportable au régime – remâchant une amertume que partagent évidemment les familles qu'ils faisaient vivre, en général sur un pied inconnu des ouvriers et employés du secteur oriental.

Et puis, ils rapportaient, et avec eux tous ces gens qui passaient sans problème dans les deux sens, ces petites douceurs appréciées des gourmands, mais dont le génie du socialisme soviétique avait rapidement privé la population est-allemande. Non pas la base de l'alimentation, bien sûr, qui a été assurée dès l'origine à l'Est comme à l'Ouest, mais ce qui en fait l'agréable ornement, surtout dans la grisaille dont le régime a fait sa norme : des fruits et légumes frais, dont la désorganisation de l'agriculture est-allemande a réussi à faire une denrée de luxe, des pâtisseries et confiseries, quelques bonnes bouteilles…

Conscientes du risque que cette nouvelle absence saute cruellement aux yeux de la population, et risque même de lui sembler passablement symbolique, les autorités s'arrangent pour récupérer ailleurs, y compris dans les magasins de (demi) luxe réservés à la *Nomenklatura*, un certain nombre de denrées qui se retrouvent, pour quelques semaines, en relative abondance dans les grands magasins d'État. Les Berlinois de l'Est n'auront pas tout perdu ! Cette abondance au demeurant fort ponctuelle ne les empêche tout de même pas de se demander avec anxiété, durant toute cette première semaine de fermeture, si le monde extérieur, ou du moins sa partie dont ils pourraient espérer un secours, l'Occident, va laisser faire.

Une question d'ailleurs partagée par les Berlinois de l'Ouest. Le quotidien à très grand tirage *Bild Zeitung*, qui appartient au groupe Springer, barre sa une, le 17 août, d'un titre à rallonge vengeur : « Kennedy se tait, McMillan est à la chasse, et Adenauer insulte Brandt : l'Est agit, l'Ouest ne fait rien. » Une nouvelle fois très confraternelle, *Neues Deutschland* reproduit en fac-similé cette première page, pour l'édification des Berlinois de l'Est qui auraient encore la naïveté d'attendre de l'Occident le salut : si la très capitaliste *Bild Zeitung* le dit elle-même, n'est-ce pas… À bon entendeur, salut.

Pourquoi cette référence à Adenauer, au fait ? C'est que la République fédérale se trouve, en août 1961, en pleine campagne pour les élections législatives. Et que son grand adversaire social-démocrate pour la chancellerie n'est autre qu'un certain... Willy Brandt, bourgmestre de Berlin-Ouest. « Né Herbert Framm » (Willy Brandt est son nom de clandestinité du temps de l'époque nazie, et il y restera fidèle jusqu'à sa mort), comme l'a en outre rappelé dans un discours le chancelier sortant, que l'on a connu plus élégant. Et Konrad Adenauer manque d'allant pour se mobiliser en faveur de quelqu'un qui cherche à lui ravir son poste à la tête du gouvernement de Bonn...

Il est vrai qu'il est juridiquement à peu près impuissant sur le statut de Berlin et son éventuel non-respect par la RDA et l'URSS. Mais aussi que le chancelier, de toute façon, pourrait se prévaloir de la timidité des puissances occupantes occidentales, garantes de ce statut. Avec cette économie de mots et ce sens de la litote qui font son charme, mais exaspèrent si souvent ses interlocuteurs, le ministre français des Affaires étrangères, Maurice Couve de Murville, a lui-même jugé l'attitude du gouvernement est-allemand « condamnable, mais prévisible ». On n'a pourtant pas l'impression, à ce moment-là, que les Occidentaux aient tellement « prévu » la construction du Mur...

Il n'empêche : Brandt veut faire quelque chose. Il est bien placé pour savoir qu'il ne peut aller aussi loin qu'il le souhaiterait, c'est même encore peu dire. Mais il veut donner une expression forte et solennelle à l'angoisse et à la colère de ses administrés. Il convoque, pour le mercredi 16 août, un grand rassemblement devant son hôtel de ville : il y aura au moins 250 000 personnes. Son problème est d'éviter que la manifestation ne dégénère, ce qui pourrait donner des prétextes aux Soviétiques et à la RDA, mais aussi embarrasser fortement les Alliés. Certains slogans, qui mettent en évidence le renoncement de l'Occident face au coup de force communiste, ne sont pas ceux qu'il aurait lui-même choisis : « Munich 1938, Berlin 1961 », ou encore : « Berlin trahi par l'Ouest ». Du moins n'y aura-t-il pas d'incident notable.

Il est vrai que Willy Brandt, du haut de son balcon de la mairie centrale, annonce à la foule deux choses qui calment un peu les esprits. D'une part, il lance à Kennedy un appel très pressant pour qu'il intervienne personnellement en faveur du rétablissement de la liberté de *tout* Berlin, puisque, en tant que président des États-Unis, il est l'un des garants du statut de l'ensemble de la ville (et non pas seulement, répétons-le, de Berlin-Ouest), rappelle-t-il à l'homme de la Maison Blanche ; et, à travers lui, au monde entier. D'autre part, Brandt demande que, puisque ce statut quadripartite semble virtuellement mort, une nouvelle négociation internationale majeure soit organisée à propos de l'avenir de la ville – et donc, encore une fois, de l'ensemble de Berlin – entre Américains, Britanniques, Français et Soviétiques.

Pétition de principe, vœu pieux ? sans doute. Car qui pourrait croire que Moscou, qui vient de laisser ses protégés est-allemands bafouer si tranquillement la liberté pourtant garantie aux Berlinois, va se lancer dans une renégociation paisible et constructive d'un statut qu'il vient de piétiner ? Voire casser ce que le gouvernement de la RDA a décidé de faire, évidemment avec, au minimum, le feu vert du Kremlin ? Quant à Kennedy, il prendra assez mal que Willy Brandt fasse cette annonce avant de lui en avoir parlé, ou même simplement de l'en avoir préalablement informé par un télégramme diplomatique.

Il est vrai que d'une manière générale, on continue de nager en pleine ambiguïté, au point que les chancelleries occidentales réagiront assez mal à cette démarche pressante de Brandt, et plus encore le fait qu'il en prenne à témoin l'opinion berlinoise. Est-il, en effet, habilité à lancer de telles initiatives diplomatiques ? Le bourgmestre de Berlin, grogne-t-on à Washington, Londres ou Paris, serait-il devenu une sorte de chef d'État, disons le mini-chef d'un mini-État ? Qui se jugerait dispensé, de surcroît, d'avertir de ses intentions le seul gouvernement allemand reconnu par la communauté internationale, celui de Bonn, sans parler même de passer par le canal diplomatique normal, sur un sujet aussi sensible, qui met en cause rien moins que les intérêts des grandes puissances et la paix du monde ?

Certes. Mais du moins le bourgmestre veut-il montrer que lui ne reste pas inerte face à des événements qui se précipitent et se dramatisent. Et cela d'autant plus que l'inquiétude et même l'exaspération des Berlinois de l'Ouest à l'égard du sort réservé à leurs concitoyens de l'Est ne tiennent pas seulement à une légitime compassion à l'endroit de gens qui étaient, hier encore, leurs voisins, leurs collègues, souvent leurs amis et qui restent dans bien des cas leurs parents, même si la force de ce sentiment ne doit pas être sous-estimée. Elles relèvent aussi d'une vive préoccupation pour eux-mêmes. Car au point où en est arrivée la situation internationale, beaucoup redoutent que les Soviétiques, enhardis par le manque de réactivité de l'Occident, poussent leur avantage jusqu'à mettre la main sur l'ensemble de la ville, et ne se contentent pas de laisser le régime est-allemand murer tout accès à Berlin-Ouest.

On sait bien que, sur le papier, les trois puissances occidentales ne pourraient l'admettre. Mais seraient-elles, pour autant, prêtes à déclencher ce qui risquerait fort de devenir la troisième guerre mondiale pour préserver la liberté de deux millions de Berlinois de l'Ouest ? Ou bien trouveraient-elles une riposte aussi habile, et en même temps courageuse, que le fut une douzaine d'années plus tôt le pont aérien ? Le doute s'installe, même s'il repose sur une appréciation évidemment fausse de l'état d'esprit de Moscou, donc de Berlin-Est. On l'a dit : ce coup de force d'août 1961, pour scandaleux qu'il soit au regard du droit international public, marque aussi, presque inévitablement, un aboutissement. Sauf à imaginer que le coup de force devienne coup de folie, ce qui ne sera jamais le cas chez les joueurs d'échecs du Kremlin.

Mais le Berlinois de la rue, à la fin de cette première semaine où a commencé de se matérialiser l'enfermement de sa ville et de sa vie même, ne soupèse pas ses craintes (fortes) et ses espoirs (qui vont s'amenuisant) au trébuchet subtil des diplomates. Il voit que ce qui était si simple naguère encore est désormais interdit. Que ce qui a commencé par relever d'une impossibilité administrative, signifiée sur le terrain par des gardes armés, certes, sans délai et sans aménité particulière, mais qui ne s'inscrivait pas encore dans le paysage, est en train de se matérialiser. Que Berlin est en train de basculer, sans que le monde ait autrement l'air de s'en émouvoir en dépit de messages de sympathie, dans une autre phase de sa vie, dont il est difficile d'imaginer la fin, autrement en tout cas que sous un jour cataclysmique dont personne ne veut.

Bref, que l'on a commencé à construire un mur, dont on commence à deviner qu'il deviendra *le* Mur, *Die Mauer*, même si l'on n'imagine pas encore quelle place il occupera dans l'histoire du XX^e^ siècle. Et qu'il va bien falloir s'habituer à vivre avec lui. À vivre, et peut-être à mourir.

# Chapitre VII

## *L'appel de la liberté*

VOICI DONC, au fur et à mesure que ce torride, lourd et funeste mois d'août 1961 poursuit son cours, Berlin confronté au serpent de béton qui sort de terre. Dans une sorte de relative tranquillité, il faut bien le dire, du côté soviétique : celle que procure la quasi-certitude de l'irréversibilité. Et dans la population, très paradoxalement, on s'en inquiète davantage à l'Ouest qu'à l'Est : dans le secteur oriental, on n'arrive pas à croire sérieusement que ce régime est-allemand, dont l'inefficacité tous azimuts est devenue depuis des années un inépuisable sujet de plaisanteries, arrive à enfermer toute une ville ; et, au-delà, tout un peuple. Il faudra encore quelques mois pour se convaincre qu'il n'y a finalement pas de quoi rire…

Côté occidental en revanche, on aura tout de suite vécu dans l'angoisse cette manifestation des intentions soviéto-est-allemandes. Sans doute y est-on depuis longtemps très massivement convaincu de l'immense capacité des régimes communistes à contraindre les populations dont il s'agit pourtant, en principe, d'assurer le bonheur, et même la « libération »… Et aussi parce que l'on se demande jusqu'où ira décidément cet enfermement, même si les débuts de la construction du Mur montrent bien, et la résolution de ses responsables d'aller jusqu'au bout de leur projet, et leur souci de ne surtout pas s'aventurer plus loin.

Au point que, on l'a dit et cela se vérifie très constamment dans les premières semaines, la clôture de barbelés puis sa concrétisation en béton sont soigneusement installées en léger retrait de la ligne de démarcation, pour qu'à aucun moment il ne puisse être dit que l'Occident se trouve amputé par le Mur d'une partie de son territoire, fût-elle infime. C'est l'inverse qui est vrai : il se confirme mètre après mètre que Berlin-Est et la RDA perdent, en bâtissant le Mur, une (modeste) portion de terrain. Tout de même, si l'on s'amuse à faire la multiplication, une pièce d'un total d'environ 30 hectares… Il est vrai qu'on n'en est plus à tenir une comptabilité topographique aussi vétilleuse : du côté oriental du Mur, comme d'ailleurs de la frontière entre RFA et RDA, ce sont, de toute façon, de vastes zones qui sont stérilisées, militarisées et minées.

Les dirigeants occidentaux qui partagent la responsabilité de Berlin commencent à émerger de la torpeur estivale. Kennedy y dépêche, le 19 août, son vice-président, Lyndon Johnson, flanqué du général Clay qui s'est, on s'en souvient, illustré durant le pont aérien, de sorte qu'il a pour les Berlinois un profil rassurant ; et pour faire bonne mesure, le président américain en fait, la semaine suivante, son représentant personnel sur place. Clay, qui sait ne jamais perdre une minute, prend sitôt installé un hélicoptère pour aller inspecter un haut lieu un peu dérisoire de la confrontation Est-Ouest : la petite enclave occidentale de Steinstücken, en territoire est-allemand, dans le district de Steglitz-Zehlendorf. Encore une des bizarreries du partage de 1945, qui détiendra longtemps un record inversé de peuplement avec… zéro habitant (il y en a tout de même aujourd'hui environ 200).

Le général survole ostensiblement cette humble parcelle de souveraineté alliée en RDA, que le gouvernement est-allemand avait tenté d'annexer en 1951 avant de se replier sans discuter après une protestation américaine ; puis il y installe une garnison de… 3 hommes. Pas de quoi faire barrage à l'Armée rouge, ni même à la *Volksarmee* ! Mais à Berlin, il n'est pas de petits symboles. D'ailleurs, la population de la ville fait un triomphe à Johnson, un peu éberlué de se trouver brusquement plongé dans le chaudron international le plus brûlant, et à Clay. « Décidément, Washington est plus près de nous que Bonn ! » entend-on souvent dire alors. Et quand le chancelier Adenauer vient à Berlin, sans manifester publiquement la moindre solidarité à l'égard de Willy Brandt, son rival social-démocrate sur le plan national, il reçoit, lui, un accueil plutôt froid, même si le principe de sa visite est apprécié.

À l'Est, on observe tranquillement. Pendant ces divers mouvements diplomatiques, les travaux continuent – tranquillement aussi. En septembre, le *vrai* Mur ne fait guère encore que 3 kilomètres, même si la ligne de démarcation est devenue partout infranchissable, au moins en principe. Il y a tout de même eu, huit jours après la grande fermeture, un incident diplomatique significatif : les autorités est-allemandes ont envoyé à Berlin-Ouest un détachement de l'armée. Évidemment sans intentions belliqueuses, mais avec l'arrière-pensée de manifester combien *tout* Berlin a vocation à intégrer la RDA. Là, c'est trop : les Alliés peuvent admettre beaucoup de choses de la part de l'URSS, autre puissance tutélaire, et d'ailleurs les uns ont le droit de circuler chez les autres, à charge de réciprocité bien sûr, et nul ne s'en prive ; mais la DVA n'a rien à faire à Berlin-Ouest (ni même, soit dit en passant, à Berlin-Est, pas plus que la *Bundeswehr* ne pourrait circuler en secteur occidental). Comme l'incident est survenu en secteur britannique, ce sont les Anglais qui s'y sont collés, en sachant bien, eux aussi, qu'il n'était pas question, à ce stade, d'ouvrir le feu : ils ont envoyé sur les lieux une compagnie d'infanterie et quatre blindés, les Allemands de l'Est ont plié bagage et l'affaire en est restée là. Mais la population de Berlin-Ouest a beaucoup commenté l'incident, et s'est trouvée un peu soulagée de l'épilogue qui lui a été apporté côté occidental.

Et puisque nous en sommes à évoquer ce bras de fer, plus diplomatique que réellement militaire, entre les troupes d'occupation de l'Est et de l'Ouest, anticipons un peu – jusqu'au 23 octobre 1961 – avec un autre affrontement qui va faire, lui aussi, couler beaucoup d'encre et de salive, mais non, heureusement, de sang, et qui se situe en un lieu bientôt mythique du Mur : Checkpoint Charlie. Ce « point de contrôle », qui doit son appellation apparemment débonnaire, on l'a dit, au fait qu'il porte tout simplement la lettre C dans leur liste alphabétique, est donc le seul qui permette le passage des Occidentaux vers Berlin-Est et leur retour au bercail, étant entendu que les militaires et diplomates des quatre puissances d'occupation ont un droit absolu et permanent de circulation dans l'ensemble des secteurs de la ville, en vertu des accords quadripartites.

Des membres de la mission militaire américaine s'y présentent donc, dans un véhicule de fonction militaire surmonté d'un gyrophare et dûment estampillé : *US Military Police/US Army 1 G 5008,* formulation qui en principe n'incite pas à la plaisanterie, ni ne porte à confusion, et est d'ailleurs tout à fait contrôlable par les VoPo. Surprise : on demande à vérifier leur identité, ce qui peut sembler bien véniel mais est, dans le contexte de l'époque et du lieu, tout à fait inusité, et même franchement irrégulier. Les Américains le prennent de haut et font demi-tour, mais bloquent bientôt, symétriquement, l'entrée des Soviétiques en secteur occidental. Il faudra cinq jours de proclamations martiales, et même de démonstrations de force dont on sent bien avec le recul à quel point personne n'avait envie de devoir les pousser plus loin, pour que l'incident soit clos ; sur un arrangement qui aurait pu être conclu en trois minutes, bien sûr. Il y aura des Jeep et même des blindés de part et d'autre de ce point de passage emblématique à travers le Mur. Le *checkpoint* commence même à se fortifier nettement pour la circonstance, avec des chicanes, des obstacles antivéhicules, des guérites protégées par des sacs de sable, et où les tramways s'arrêtent de chaque côté, muets mais éloquents symboles de cette grande panne des communications que marque aussi la construction du Mur. Comme si l'on jouait à faire semblant de déclencher la troisième guerre mondiale dans la Friedrichstrasse – ce que l'on se gardera évidemment bien de faire. Là encore, symbole…

En attendant, et après une manifestation populaire de masse en secteur français, au cours de laquelle les gardes est-allemands tirent par-dessus le Mur ou la clôture qui le préfigure, non pas sur la foule certes – c'eût été, au sens propre, un *casus belli* – mais du moins au-dessus de sa tête, prétendant lui interdire de s'approcher de plus de 100 mètres, l'opération « Muraille de Chine » suit son cours. Lequel sera très long, en fait : les berlinologues évoqueront plus tard une construction en quatre étapes ; ils parleront même de quatre « générations ». À telle enseigne que sur ses vingt-huit années d'existence, le Mur de Berlin en aura vécu la moitié en chantiers divers, de 1961 à 1975 – étant entendu qu'il ne s'est plus agi, à la fin, que de perfectionner encore, ou tout simplement d'entretenir, des dispositifs anti-évasions qui existaient déjà depuis longtemps, avec, pour l'essentiel, la dramatique efficacité que l'on sait. De cette laborieuse « amélioration », le détail chronologique n'est sans doute pas fondamental, mais il convient cependant d'en garder les grandes lignes à l'esprit, car elle illustre, en creux, l'ingéniosité, et souvent l'héroïsme, qu'auront dû déployer les évadés pour réussir à passer à l'Ouest.

La première étape est donc le remplacement des clôtures métalliques par une construction « en dur ». D'ailleurs pas si dure, finalement, au début : on est en RDA, donc le bon marché domine, même si un temps doit rapidement venir où la réussite de l'enfermement n'aura plus de prix. Très vite, on va en outre détruire non seulement tout ce qui pourrait faciliter la fuite des candidats à la liberté, mais aussi ce qui fait obstacle à la surveillance de la zone frontalière, et à son illumination nocturne. Quand débarquent les groupes de travail, en général des commandos de la *Volksarmee*, chargés de raser l'endroit – du pavillon de banlieue à l'immeuble urbain de six étages – et évidemment sans avoir prévenu de leur arrivée, les habitants ont quelques heures pour tout évacuer ; ils sont certes relogés, mais souvent fort loin, ce qui n'ajoute pas vraiment à leur bonne humeur.

De l'autre côté du Mur ou de ce qui va le devenir, photographes et cameramen immortalisent ces opérations ; comme pour les avions ravitailleurs du pont aérien, ils doivent compter avec de naïves et révélatrices tentatives d'éblouissement qui se voudraient aveuglantes, et d'une certaine façon le sont en effet – comme peut l'être la vérité. Inutile de dire que l'image tragi-comique de ces soldats affairés à raser des habitations ou des équipements publics *de leur propre pays*, parfois tout neufs, tandis que l'un d'entre eux fait des effets de miroirs dans le soleil, ou manie le projecteur, pour tenter d'empêcher les observateurs de fixer sur la pellicule les tristes péripéties de cette calamiteuse entreprise, ne contribuent pas peu à l'édification de ceux qui douteraient encore de la nature de l'opération.

Beaucoup plus tard, en 1985, les caméras occidentales auront aussi l'occasion d'immortaliser, si l'on peut dire, une des ultimes destructions ordonnées par le régime est-allemand : celle du temple protestant de la paroisse de Wedding. Désaffecté depuis la construction du Mur, qu'il jouxtait dangereusement (pour lui !), et qui l'avait séparé de la plupart de ses paroissiens, vivant en secteur français, il a été, cent ans après sa consécration, dynamité sans pitié. Et surtout sans beaucoup de sens politique de la part des autorités à l'égard des Berlinois des deux moitiés de la ville, qui ont pu suivre cette peu glorieuse liquidation à la télévision de l'Ouest.

Pour en revenir aux lendemains de la fermeture, la construction du Mur entre rapidement dans sa deuxième phase, qui voit l'aggloméré remplacé par le béton armé, et un immense chemin de ronde installé tout le long, côté Est bien sûr, large comme une avenue et parfois plus encore dans les angles rentrants. Il s'agit à la fois de faciliter le passage des véhicules de surveillance, et d'instaurer une sorte de *no man's land* brillamment éclairé, miné, au sol de sable ratissé où tout passage humain s'inscrit très visiblement, avec à partir de 1964, dans les zones moins urbaines, une centaine de chiens policiers attachés tous les 200 mètres par une chaîne qui en mesure 100 : impossible, pour un fuyard, de leur échapper, mais impossible aussi, pour eux, de s'entre-dévorer. Ils deviendront d'ailleurs rapidement le cauchemar des policiers chargés de s'en occuper ; il est vrai qu'ils sont sans doute également là pour les dissuader de tenter eux aussi le passage à l'Ouest…

Pour faire bonne mesure, on rajoute tout un décor de défenses qui, elles, ne gênent pas réellement d'éventuels fuyards – car elles visent surtout à entretenir la fiction qu'il s'agit, non d'enfermer les Allemands de l'Est, mais de prévenir une invasion de l'Ouest : dispositifs de béton contre toute intrusion mécanisée, fossés antichars, rouleaux de barbelés électrifiés très repérables… Et puis, bien sûr, beaucoup de mines, qui pour le coup sont évidemment un danger supplémentaire pour les candidats à l'évasion, des mines si nombreuses qu'il faudra, après la chute du Mur, de longues semaines, cartes secrètes en main, pour rendre le passage sûr en dehors des postes de contrôle… On installe aussi par-ci par-là, « côté ennemi du Mur » comme dit la phraséologie officielle de la RDA (mais rappelons que l'on est encore, sur environ 2 mètres de profondeur, en territoire est-allemand), des pieux métalliques acérés, solidement fichés dans le sol, et sur lesquels viendraient s'empaler des fuyards sautant étourdiment par-dessus la « Muraille de Chine ». On en fixe aussi, bien entendu, sous l'eau, en sus de toutes sortes de grillages, là où la démarcation n'est plus terrestre mais aquatique.

En 1965, le Mur s'enrichit de 222 postes de tir. Il s'agit soit de véritables bunkers, soit de simples casemates blindées, mais dont dans tous les cas la portée léthale des armes automatiques et les angles de tir permettent de s'assurer qu'absolument aucune portion du Mur, y compris là où il s'agit plutôt d'une clôture subaquatique, ne pourra désormais échapper au feu des mitrailleuses. La quatrième et dernière phase de construction verra la mise en place d'ultimes « progrès », dont un gros rouleau qui courra peu à peu sur l'arête de l'ensemble du Mur, rendant impossible d'y fixer un grappin ou d'y passer un bras. Ce dispositif a l'avantage, pour le régime, de présenter une image moins sinistrement connotée que les barbelés en Y rappelant si fâcheusement les camps de concentration.

On pourrait se dire, non seulement aujourd'hui bien sûr, mais déjà à l'époque, que c'est tout de même là une dépense d'énergie et d'argent considérable pour éviter des évasions qui de toute façon ne pourraient plus être désormais, en s'en tenant simplement à une bonne clôture très surveillée, que très marginales statistiquement : de toute façon l'hémorragie tant redoutée a été arrêtée, littéralement du jour au lendemain. Mais il faut mesurer quelle redoutable propagande fait alors à la RDA, à son régime et à sa capitale controversée, chaque rescapé arrivant de Berlin-Est, et aussitôt interviewé copieusement par les médias de l'Ouest. Chaque fugitif tué au cours de son évasion aussi, il est vrai, à condition que l'on ait connaissance de son sort, ce qui sera souvent le cas.

Avant de dérouler l'époustouflante saga de ceux qui ont tenté l'aventure, avec ou sans succès, mentionnons quand même ici un cas, unique à notre connaissance, de tentative de franchissement du Mur en sens inverse : d'Ouest en Est – une histoire dont on ne se vantera ni d'un côté, ni de l'autre. À la fin des années soixante-dix, un soldat américain l'escalade au terme d'une soirée fort arrosée, à la suite d'un pari, semble-t-il. Avec ce mélange incroyable de chance et d'inconscience qui vient souvent au secours des héros et des ivrognes, il parvient de l'autre côté, s'aventure dans la zone de tous les dangers où, sans avoir eu le temps de se faire dévorer par les cerbères de la police ni de sauter sur une mine, il est intercepté, pour son salut, par des gardes est-allemands, stupéfaits que l'on puisse tenter d'*entrer* de force à Berlin-Est. Compréhensifs, ceux-ci le ramèneront bientôt à Checkpoint Charlie, pour le rendre à ses chefs préalablement alertés, avec un commentaire qui fait honneur à leur fraîcheur d'âme : « Vous pensez bien, passer dans ce sens-là, on a tout de suite compris qu'il avait trop bu ! »

Hélas, et pour en revenir une nouvelle fois aux premiers temps du Mur, tout ne se passe pas aussi bien pour tout le monde. Dès ce sombre mois d'août 1961, on enregistre les deux premiers morts. L'un, Rudolf Urban, un homme de 47 ans qui comme tant d'autres ne supporte pas la perspective d'être enfermé, saute par la fenêtre de l'immeuble du numéro 1 de la fameuse Bernauer Strasse, donnant, donc, sur le secteur français par-dessus la ligne de démarcation, et qui n'est pas encore rasé. Des dizaines de personnes y sont parvenues avant lui dans les premières heures de la fermeture, et même les premiers jours. Lui va s'écraser au sol, et il mourra un mois plus tard à l'hôpital. L'autre est carrément tué par balles, il sera même le tout premier d'une longue série. Il s'agit d'un jeune homme de 24 ans, Günther Liftin, qui tente sa chance près de la gare de Friedichstrasse, en se mettant brusquement à courir à travers les barbelés ; une rafale le fauchera avant qu'il ait pu gagner l'Ouest.

Cette propension des habitants de la zone frontalière à tenter l'évasion de chez eux, ou de chez un voisin ami, va d'ailleurs susciter de la part des autorités la mise en place d'un contrôle systématique du profil politique des occupants de ces logements par trop proches de la zone interdite, ou même simplement de ceux qui doivent s'y rendre pour leur travail. Non seulement on vérifie leur dossier, ou de préférence leur absence de dossier, à la Stasi, mais on s'assure aussi qu'ils n'ont pas de parents ou de connaissances à l'Ouest susceptibles de faciliter leur fuite et de leur fournir un point de chute. Bientôt, on se livrera à une enquête encore bien plus complète comportant notamment un criblage méthodique de leur mode de vie et l'établissement d'un profil psychopolitique détaillé, entre autres choses. Il est vrai que les frontaliers du Mur n'auront pas le monopole de ces délicates attentions de la police : le flicage de la population devient si général qu'on forge même dans la terminologie de la Stasi un nouveau sigle, OPK, pour *Operative Personenkontrolle* (« Contrôle opérationnel des personnes »).

Car voici venu le temps des évasions. On n'est plus dans la logique de gens qui profitaient, un peu au hasard, des dernières facilités, ou de l'imprécision des premières interdictions, pour choisir la liberté, souvent des jeunes agissant sur un coup de tête, seuls ou avec un frère, une fiancée, quelques copains. On va désormais devoir préparer méthodiquement la fuite, parfois pendant des mois, voire des années. S'échapper va devenir, on n'ose dire un métier, du moins une ambition un peu obsessionnelle qui se travaille et s'organise.

Il est vrai que toute une catégorie de la population est-allemande sera un peu plus tard, sinon invitée, du moins autorisée avec une bienveillance fort intéressée par le gouvernement de Berlin-Est à s'expatrier : les retraités. À condition, bien sûr, de renoncer à leur pension après toute une vie de travail, ce qui est tout bénéfice pour un régime qui en dépit de son omnipotence (ou peut-être bien à cause d'elle) manifeste une incapacité économique chronique. Vision pour le moins singulière pour la « patrie des travailleurs », mais qui a son implacable logique totalitaire : le régime n'a que faire de gens qui ne produisent plus et coûtent encore ; pour peu qu'ils soient assez mauvais coucheurs pour préférer la liberté de l'Ouest aux beautés austères du « socialisme réel », bon débarras !

Il y a aussi, toujours au chapitre des départs qui ne peuvent être comptabilisés parmi les évasions, ceux des prisonniers politiques, ou même simplement des dissidents, voire de simples esprits présumés frondeurs qui auront été raflés au dernier moment et condamnés en vingt-quatre heures pour faire du chiffre, « vendus » (et encore met-on ici des guillemets par un sursaut de respect humain dont le communisme est-allemand, dernier des régimes européens à pratiquer le trafic d'êtres humains, se montrera constamment incapable) à la RFA. Une partie de l'intelligentsia contestataire de Berlin-Est, mais bien plus encore de sa classe ouvrière, car on estime avoir davantage besoin de professeurs, de médecins ou d'ingénieurs, franchira ainsi le Mur, sans avoir eu à ramper dans des tunnels ou courir sous une grêle de balles, en échange de centaines de millions de *vrais* Marks – ceux de l'Ouest – versés par Bonn chaque année aux autorités est-allemandes.

Mais revenons à ces vraies évasions, donc. Aussi longtemps que subsistent ces rues mitoyennes, entrée des immeubles d'un côté et cour ou façade arrière de l'autre, dont la Bernauer Strasse reste décidément l'exemple le plus connu et le plus significatif, c'est d'abord par la fenêtre que l'on s'échappe de Berlin-Est, par-dessus un Mur qui est encore un principe plus qu'une réalité de béton, sans parler du reste. Durant l'automne 1961, on estime à plusieurs centaines le nombre de personnes, non seulement des locataires de ces appartements provisoirement privilégiés mais aussi des amis, des parents conviés à profiter de l'aubaine, qui vont tenter, au sens propre, le grand saut.

En théorie, c'est relativement simple ; et bien des gens, avant que d'être confrontés à la difficulté de l'opération, se disent qu'ils ne risquent, au pire, qu'une entorse, voire une fracture, à sauter du premier étage, voire du deuxième (encore que les vieux immeubles berlinois soient redoutablement hauts de plafond), ce qui peut sembler une épreuve certes fort douloureuse, mais brève, comparativement à l'enfermement totalitaire de toute une vie. Il n'empêche : tous ne pourront pas, face au vide même court, s'élancer – d'autant plus qu'il ne s'agit pas d'avoir risqué tout cela pour retomber du mauvais côté du Mur ! – en tout cas lorsque aucun dispositif de réception n'est prévu au sol, à l'Ouest – comité d'accueil, en général organisé par les pompiers et leurs bâches, que l'on évite de toute façon de montrer, jusqu'au dernier moment, pour d'évidentes raisons.

Il arrive parfois que les VoPo ou les membres d'autres corps de police fassent irruption dans les appartements où des postulants à l'évasion s'apprêtent à sauter, soit qu'ils aient perçu quelque chose de l'extérieur, soit que leur immense réseau de mouchards, appointés ou tenus par des dossiers embarrassants, ait bien fonctionné. Et qu'ils se saisissent aussitôt de ces « criminels antisocialistes » avant de les embastiller pour de longues années. Mais d'autres aussi, les récits des rescapés concordent sur ce point, s'ingénient, en inspectant bruyamment et longuement des pièces manifestement vides, après avoir monté pesamment l'escalier, à laisser aux fugitifs le temps nécessaire pour sauter. Ondoyante et multiple réalité de la nature humaine… Certains iront même, au sens propre, plus loin encore, puisque entrés mitraillette au poing chez des habitants qui s'apprêtaient à sauter, non seulement ils ne les en empêchent pas, mais ils leur emboîtent le pas, si l'on ose dire.

Il est vrai que les uns ou les autres peuvent aussi être sensibles aux appels de la petite foule rassemblée au pied de l'immeuble côté occidental. Ainsi dans le cas de cette dame âgée de soixante-dix-sept ans, qui va rester un bon quart d'heure accrochée à la balustrade de son balcon du deuxième étage, les jambes dans le vide. « J'ai été une antinazie de la première heure, et j'ai réussi à en réchapper, expliquera-t-elle plus tard, ce n'était pas pour finir mes jours sous la coupe d'une autre dictature, qui a d'ailleurs été, durant quelques années décisives, l'alliée de Hitler. » Estimable disposition d'esprit, mais tout de même, sauter d'une douzaine de mètres à son âge… Entrés en force dans son appartement, les VoPo essaient de la remonter, lancent de l'essence enflammée sur le drap que les habitants de Berlin-Ouest ont tendu pour amortir sa chute, et finalement elle se décide et ne se cassera rigoureusement rien. « Pas même le col du fémur », dira-t-elle en riant à la télévision. Bien plus tard, elle mourra en paix – et surtout, comme elle l'avait voulu, en démocratie.

D'autres sauts – puisqu'on en est encore à privilégier ce mode de contournement du Mur, ce qui ne va pas durer beaucoup plus longtemps – se terminent moins bien. Un jeune ménage de l'Est et son enfant de six ans se préparent ainsi, toujours encouragés par un groupe de Berlinois de l'Ouest, à choisir la liberté par la (très courte) voie des airs. Le gamin saute sans une égratignure. Mais sa mère se reçoit mal, est victime d'éclatement de plusieurs organes et mettra des mois à s'en remettre ; son mari pâtira bien plus encore de sa tentative d'évasion, pourtant réussie : sa chute lui cause une fracture de la colonne vertébrale. Plâtré sur son lit d'hôpital, il déclarera pourtant : « Si c'était à refaire, évidemment que je sauterais à nouveau ! » Quatre autres habitants de Berlin-Est, dans ces premiers temps du Mur, meurent de leurs blessures dans des circonstances analogues.

De ces tentatives réussies comme de ces échecs tragiques, la télévision de Berlin-Ouest, et même celles de tout l'Occident avec bien sûr un grossissement moindre, rend compte au jour le jour. Ce qui a le mérite de bien montrer dans quel sens, et dans quel sens seulement, va la stratégie d'enfermement voulue par la RDA, et derrière elle par l'Union soviétique. Mais ce qui a aussi un inconvénient majeur : donner aux autorités est-allemandes le sentiment, bientôt mué en certitude, qu'il faut à tout prix arrêter ces évasions à grand spectacle, si préjudiciables à l'image du régime. Il est déjà pénible pour elles de penser que l'on continue de s'échapper de Berlin-Est ; à plus forte raison de constater que ces évasions populaires sont devenues une sorte de grand *show* pour les journaux télévisés du soir, et donc un argument politique pour l'Occident.

Ne résistons pas au plaisir de mentionner ici, quoiqu'il s'agisse d'une anticipation de quelques années, puisque la scène se passe en 1965 (une époque où il n'y a encore qu'environ 25 kilomètres réellement maçonnés), l'histoire d'une fuite dont on peut considérer sans exagération qu'elle constitue la dernière grande « évasion par la fenêtre », comme on a alors commencé à dire à Berlin, mais selon un mécanisme considérablement plus hardi. Ce que justifie d'ailleurs le fait que cette opération se situe à une époque où tout est devenu considérablement plus difficile.

Il s'agit d'un homme qui, quoique profondément hostile à la dictature communiste, a su donner quelques modestes gages au régime, en guettant, d'abord en vain, une occasion de s'évader de Berlin-Est avec sa famille. Jugé comme un élément sans risque, sinon comme un sympathisant, il a été appelé depuis quelques mois, pour son travail logistique, à fréquenter la « Maison des ministères », une forte bâtisse officielle de cinq étages abritant des services administratifs, et sise à une vingtaine de mètres du Mur. Des fenêtres du haut, on a une superbe et déchirante vue sur Berlin-Ouest, mais il fait attention à ne pas s'y attarder.

La préparation de son évasion prendra de longs mois, une considération que l'on pourrait appliquer à un très grand nombre d'autres tentatives, réussies ou non, comme on le verra. Notre homme commence par glaner des éléments de récupération sur les chantiers dont il a la charge, pour fabriquer petit à petit, dans une petite pièce désaffectée dont il pourrait toujours dire en cas de besoin qu'il ne la connaissait pas, un câble métallique de plusieurs dizaines de mètres. Il a aussi un contact, grâce à des amis d'amis, avec un réseau ouest-berlinois d'assistance aux fugitifs de l'Est ; lequel ne saurait évidemment l'exfiltrer, mais peut tout de même l'aider depuis Berlin-Ouest. Il fait donc connaître à ses interlocuteurs occidentaux le moment (de nuit, bien sûr) où il aura besoin d'être aidé « de l'autre côté ».

Ce jour-là, en fin d'après-midi, il fait venir, comme il a déjà eu la prudence de le faire sous des prétextes futiles et de toute façon artificiels, sa femme et son fils à la « Maison des ministères », volontiers ouverte aux familles puisque peuplée, normalement, de fonctionnaires « sûrs ». À la fermeture, tout ce petit monde se laisse enfermer dans le bâtiment en se cachant dans les toilettes, puis grimpe sur le toit ; l'organisateur de l'évasion lance alors à toute volée son filin, lesté d'un marteau, vers l'Ouest, au-delà du Mur, où il est bien reçu par le petit groupe d'aide aux candidats est-allemands à l'évasion. Aux deux bouts, ce mince mais solide câble est fortement arrimé, après quoi les trois membres de la famille n'ont plus qu'à se laisser glisser grâce aux roulettes aussi récupérées par l'ingénieux fugitif. Sans bruit, sans lumière car le Mur n'est pas encore, à ce moment, illuminé ni gardé partout, mais à temps pour faire la une des quotidiens ouest-berlinois du lendemain…

Durant ces premières années ont aussi lieu d'autres tentatives d'évasion, réussies ou non, et parfois très spectaculaires, qui montrent – pour le meilleur et pour le pire – que la cloison de béton à quoi se résume encore largement le Mur ne saurait durablement suffire. Par exemple, à bord d'un camion de faible tonnage pourtant, un jeune homme a tout simplement défoncé la barrière sans pouvoir être arrêté avant d'avoir gagné l'Ouest. Un autre, venu d'une zone plus rurale de l'agglomération berlinoise, se présente tout tranquillement avec son tracteur au poste de contrôle, ne s'arrête pas, enfonce les différents obstacles et se retrouve, lui aussi, côté occidental. Ce qui fera bien rire les Berlinois de l'Ouest, mais pas du tout les autorités de la RDA. Celles-ci demandent une enquête sur les conditions dans lesquelles un véhicule certes puissant, mais tellement lent, a pu franchir la ligne sans que son conducteur soit tué par les gardes est-allemands.

Le 18 avril 1962, Klaus Brüske, n'aura pas cette chance. Il tente la belle au poste de contrôle de la Henrich Heine Strasse, par lequel transitent essentiellement le courrier et les marchandises qui vont d'une moitié à l'autre de la ville. Avec son petit camion, dans lequel ont aussi pris place deux de ses amis, il arrive comme de coutume au ralenti devant les gardes, puis, au moment de présenter son *Ausweiss*, accélère brusquement, et, de coup de volant en coup de volant, de dérapage en dérapage, parvient tant bien que mal à franchir les chicanes ; mais entre-temps, ses compatriotes ont ouvert un feu nourri. Il mourra en arrivant dans le Berlin libre, et ses deux compagnons seront grièvement blessés.

Le chauffeur de bus qui, le 12 mai 1963, tente lui aussi de forcer le passage, n'aura même pas cette chance : il est tué avant d'avoir pu passer la ligne, vers laquelle son car désormais privé de pilote zigzague encore sur une centaine de mètres. Les passagers, couchés sur le sol du véhicule, sont aussitôt arrêtés et emprisonnés. Et trois ans plus tard, alors que le poste de contrôle s'est encore renforcé, a lieu une tentative du même type, avec un bilan comparable : le conducteur, Heinz Schöneberger, est mitraillé à mort ; l'homme et les deux femmes qui l'accompagnent sont blessés et arrêtés par la police politique avant d'avoir pu gagner la « terre promise »...

Toutes les tentatives ne sont cependant pas aussi funestes. Par exemple, le 17 avril 1963, un soldat est-allemand qui a réussi à se faire affecter à la sécurité du

Mur, et en connaît donc particulièrement les forces et faiblesses, s'empare tranquillement d'un gros véhicule tout-terrain de sa compagnie – pas une automitrailleuse blindée, certes, il n'en a pas à disposition, mais tout de même une voiture extrêmement robuste, équipée de pare-chocs impressionnants. Il a repéré un des (encore nombreux) points faibles du Mur, et il va tenter sa chance. Montant paisiblement à bord de sa super-Jeep est-allemande, il met le contact, fait chauffer le moteur sous l'œil indifférent de ses collègues de la *Volksarmee*, puis démarre sèchement vers le Mur, sans freiner au dernier moment. Il y a, dans le poste des gardes, un moment de pure stupeur, très court sans doute, mais déjà trop long : à défaut d'avoir pulvérisé la clôture de béton, ce soldat dissident y a ouvert une brèche suffisante pour s'y engouffrer à pied.

Signalons aussi qu'il y aura, tout au long de l'histoire du Mur de Berlin, des tentatives extrêmement privées, du côté occidental, pour le dynamiter. C'est assez facile, puisque l'on peut y accéder très simplement à Berlin-Ouest, en s'aventurant dans cette très mince bande de terrain est-allemand qui l'entoure du « bon » côté et qui, donc, n'est aucunement gardé. Opérations sans risque, mais politiquement maladroites, condamnées par les autorités d'occupation occidentales et qui resteront, au mieux, perçues comme des manifestations de mauvaise humeur, qui ne sauraient évidemment changer quoi que ce soit au sort des Berlinois de l'Est : de toute façon, le Mur leur reste, à eux, inaccessible. Et ces médiocres entreprises de bravaches de comptoir apporteront même un peu d'eau grise au moulin desséché de la propagande est-allemande, sur l'inépuisable thème des « revanchards de Bonn ».

Mais le régime veille. Et il ne reste pas insensible, même s'il est défendu d'en parler à Berlin-Est, à cette multiplication des tentatives d'évasion. Des tentatives qui, réussies, apportent souvent une note héroï-comique à une histoire qui n'est pas drôle du tout ; et qui, manquées, forgent la légende des héros anonymes du Mur. Bref, des « provocations », à tous points de vue détestables. De sorte que la défense de la ligne de démarcation va se renforcer constamment durant de longues années, jusqu'à la rendre à peu près infranchissable, bien avant le parachèvement de 1975. « C'est bien notre seul bâtiment public correctement entretenu, et constamment embelli ! » ironise la rue est-berlinoise. Quant aux négociations diplomatiques, elles ne cesseront jamais vraiment, avec en particulier ce grand palier politique que seront les nouveaux accords quadripartites de 1971 et différents arrangements entre les deux républiques allemandes.

*À peu près* infranchissable, oui, le Mur de Berlin. Mais tout le génie aventurier des candidats à l'évasion va tenir dans cet interstice infime qui sépare l'absolue certitude du « quand même peut-être… »

# Chapitre VIII

## *L'évasion, une idée à creuser...*

EN 1965, il n'y a encore que quelque 25 kilomètres maçonnés en béton armé épais. Ce qui, répétons-le, ne signifie aucunement que le reste soit aisément franchissable... Mais justement : à partir du moment où le Mur s'étoffe suffisamment pour qu'il ne soit plus guère envisageable de le forcer par des moyens mécaniques « normaux » – camions, bus et autres véhicules, militaires ou civils, détournés de leur usage premier –, encore que le cas puisse toujours se présenter, comme on le verra, souvent au prix d'une bravoure extrême, un autre moyen d'évasion va s'imposer à l'esprit de ceux qui ne désespèrent obstinément pas de gagner la partie libre de la ville : le tunnel. Aussi longtemps, du moins, que la largeur totale de l'emprise des clôtures, quelle qu'en soit la nature précise, n'excède pas quelques dizaines de mètres, et souvent bien moins par endroits.

*Tunnel* : ce mot a pris durant trois décennies, et même quatre pour la très singulière raison que l'on va voir, une signification toute particulière à Berlin. Le réalisateur allemand Roland Suso Richter, né la même année que le Mur de Berlin, en 1961, mais en Hesse, en a même fait un film, de fiction certes mais en jouant au plus près de la réalité, en choisissant pour héros central un sportif de haut niveau est-allemand, nommé Harry Melchior, champion de natation – sport emblématique de la RDA, tout particulièrement, il est vrai, pour des nageuses dont l'effondrement du régime allait permettre de confirmer à quel point elles étaient dopées, pour ne pas dire plus. Mais avant de conter quelques singulières aventures d'évasions souterraines, arrêtons-nous donc un instant sur une précédente histoire, celle d'un tunnel qui, lui, partit de l'Ouest vers l'Est, et ne prétendit jamais à d'autre fuite que celle de quelques secrets d'État potentiels.

Au milieu des années 1950, la CIA, recoupant différents témoignages de ses informateurs du secteur oriental, fait un constat : Berlin-Est est devenu le lieu de répartition des communications téléphoniques et télégraphiques – car on en est encore là, partout dans le monde – entre Moscou, les autorités est-allemandes bien sûr, mais aussi celles de Roumanie, et (bien curieusement eu égard à la géographie physique) de Pologne. Tout cela passe par de bons vieux gros câbles enterrés, qu'il est fort tentant d'aller pirater au plus près. Ce sera l'opération connue dans les milieux du renseignement sous le nom de code de « Plan Gold » ; coût : 6 millions de dollars, à l'époque une somme assez considérable.

Une affaire qui reste extrêmement représentative du caractère « tordu » de la guerre invisible entre services secrets à propos de Berlin et de sa coupure en deux, y compris avant l'édification du Mur.

La centrale de renseignement américain fait donc creuser, en direction de la zone orientale d'Altglienicke, et avec le bienveillant concours des « cousins » du M.I. 5 britannique, un tunnel comme la ville n'en connaîtra plus jamais, du moins dans le registre clandestin : 450 mètres de long, 3 000 tonnes de terre déplacées. On pourrait faire observer que dans la mesure où le point de départ est à l'Ouest, et où l'opération est organisée par les services secrets avec le concours de l'armée, il n'y a pas grand mérite à la mener à bien… Ce qui ne serait pas faux, à une importante réserve près : sauf à déclencher un incident diplomatique majeur, où pour le coup l'Occident n'aurait vraiment pas le beau rôle, il faut tout de même éviter de donner l'alerte (sonore notamment) dans, ou plutôt au-dessus de, la longue partie du souterrain, dont les deux tiers courent sous Berlin-Est. En outre, de tels travaux peuvent difficilement passer inaperçus : cette terre extraite du sous-sol, il faut l'évacuer en toute discrétion – un problème qui sera, un peu plus tard, la hantise des fugitifs de l'Est, comme on va le voir. Alors que, même à Berlin-Ouest vers 1955, il y a de toute façon suffisamment d'agents est-allemands pour repérer de telles opérations en principe clandestines…

Mais ce ne sera pas nécessaire, de toute façon ; et pour deux raisons, elles aussi très représentatives des aléas du métier d'espion. La première est que l'affaire a « fuité » à Londres, où George Blake, diplomate britannique retourné par le KGB pendant qu'il était prisonnier en Corée du Nord avant d'être affecté, fatale imprudence de ses chefs, aux services secrets, a déjà raconté à ses officiers traitants soviétiques en poste dans la capitale britannique ce qu'il savait du « Plan Gold », croquis à l'appui. Le chef du KGB à Berlin, le général Sergueï Kondrachov, en a fait son miel. La seconde, c'est l'intervention d'un facteur climatique qui montre qu'on ne saurait penser à tout : l'hiver arrive, et bientôt la neige va fondre plus vite au-dessus du tunnel, bien chauffé, qu'ailleurs ; pour des experts du calibre de ceux du KGB, qui ont tout de suite pris en main une affaire dépassant évidemment de beaucoup les compétences de leurs collègues de la Stasi, même si ces derniers ne doivent jamais être sous-estimés, c'est presque trop facile, quoique, avertis eux aussi, les agents américains se mettent à… réfrigérer leur souterrain – cas sans doute unique de climatisation marchant à fond en plein hiver en Europe centrale.

La CIA aura tout de même le temps d'enregistrer quelque 50 000 bobines magnétiques de conversations internes entre responsables du Pacte de Varsovie. Des conversations d'ailleurs sans doute assez largement « fabriquées » dans la meilleure tradition de la désinformation, à partir du moment où le KGB était au courant des écoutes occidentales, ce qui est de bonne guerre secrète. Puis, en 1956, le 22 avril, jour de l'anniversaire de Lénine – clin d'œil très typique des signaux que l'on aime à s'adresser entre services –, d'opportuns travaux de voirie permettront aux Allemands de l'Est, donc aux Soviétiques, de percer à jour, à tous les sens de l'expression, le souterrain anglo-américain, et d'élever les protestations de stupeur indignée qui s'imposent. Si cette opération un peu rocambolesque avait dû changer le cours de l'Histoire, gageons qu'on l'aurait remarqué depuis longtemps.

Mais le creusement de tunnels, de proportions infiniment plus modestes, devient dès les débuts de l'enfermement l'obsession ordinaire de ceux qui aspirent à passer à l'Ouest. Au point qu'aujourd'hui encore, entre « berlinologues », on a pris l'habitude de désigner chaque tunnel par un chiffre : celui du nombre de personnes qui ont réussi à s'en servir pour gagner l'Ouest. Un heureux hasard aura voulu que ce chiffre ne soit jamais le même… Il est vrai que l'on ne dressera jamais la nomenclature de toutes ces tentatives avortées qui se sont terminées dans le sang, l'étouffement et la tragédie.

Cette obsession de l'évasion par un tunnel, pour se concrétiser, suppose de remplir plusieurs conditions, auxquelles on peut avoir un peu de mal à penser tant que l'on n'a pas été confronté personnellement et concrètement à l'ambition, ou la nécessité, de fuir une dictature, occupant très solidement les lieux. Ces conditions, elles seront en quelque sorte le lot commun de tous les aspirants à la liberté en sous-sol. Et aussi longtemps qu'on ne les a pas réunies, il reste vain d'en rêver.

Il y a d'abord, pour pouvoir garder une certaine liberté de manœuvre, le fait de ne pas avoir été repéré comme un « ennemi du peuple », autrement dit comme un adversaire du régime est-allemand. Reconnaissons à ce dernier qu'à cet égard, il se contente le plus souvent de « non-preuves » : ne pas s'être affiché dans le camp de la liberté est déjà perçu comme un élément positif, s'agissant des jeunes et des intellectuels en particulier. L'idéal, pour un Berlinois de l'Est candidat à l'évasion, se situe évidemment au-delà : c'est de s'être au contraire engagé dans un mouvement ayant pignon sur rue, et qui, par là même, sera inévitablement lié au régime : groupe sportif, association de loisirs, amicale de résidents, et syndicat à plus forte raison, bien sûr… L'adhésion au SED aide évidemment beaucoup, mais attire aussi l'attention : voyant, surtout de la part d'un élément un peu suspect à l'origine, cet acte d'allégeance peut être à double tranchant.

L'idéal, du moins si l'on a la patience de planifier à long terme sa tentative, est de multiplier, durant deux ou trois ans, les gages de bonne volonté : être toujours disponible pour organiser une réunion de locataires ou d'usagers de tel service public, sur un ton joyeusement conciliant, bien sûr ; manifester sans cesse à autrui cette bienveillance enjouée qui, jusqu'à contre-ordre du parti, reste la marque de l'ordinaire social des régimes qui pensent pour vous ; ne pas hésiter à critiquer très modérément certaines pratiques administratives (administratives et surtout pas politiques, bien entendu). Cela peut mobiliser beaucoup d'heures et d'intelligence ; comme nous le dira bien plus tard un rescapé du système, qui était alors un étudiant zélé, laudateur feint du système : « Être un faux-jeton, en régime totalitaire, c'est presque un métier à temps plein. »

Donc, pour notre candidat à l'évasion, le mieux est d'être bien vu, et d'avoir construit cette image positive. Démarche qui exige plus de psychologie que l'on ne pourrait croire, si l'on veille à ne pas basculer dans une outrance qui en ruinerait la vraisemblance. Mais il ne s'agit évidemment pas que de cela, même en restant dans le champ des précautions préalables. La seconde d'entre elles est en effet de se constituer un réseau d'amis très sûrs. Là aussi, on pourrait facilement se méprendre, et croire qu'un contestataire, même discret, ne peut évidemment fréquenter que des gens qui partagent son aversion pour le système, et son envie de s'y soustraire. La réalité est cependant beaucoup plus complexe, dans une société où tout le monde est invité, incité, à espionner tout le monde, et les enfants à dénoncer leurs parents comme dans l'Allemagne nazie, où la Stasi règne dans tous les compartiments de la société avec des centaines de milliers d'indicateurs volontaires ou contraints. Plus d'un Icare rêvant du soleil de la liberté s'y sera lui aussi brûlé les ailes…

Il faut aussi, même en supposant résolue la question de la fiabilité des amis avec lesquels on compte s'évader

– et on ne saurait se montrer trop prudent à cet égard –, s'assurer qu'ils iront bien jusqu'au bout. Car si c'est une chose que de décider, dans l'exaltation d'une soirée entre copains, organisée dans un local « non sonorisé », comme on dit (c'est-à-dire dépourvu de micros de la Stasi), de risquer l'aventure, c'en est une tout autre que de passer à l'action, ce qui suppose beaucoup de sacrifices, de constance, de patience, et de rigueur : la résistance efficace, dans une société policière, ne fait pas bon ménage avec l'amateurisme exalté.

Mais imaginons donc notre groupe de candidat(e)s au départ dûment constitué, fiable, solide, résolu. Il n'est pas pour autant, on n'ose dire au bout de ses peines, mais même à leur vrai commencement : il va tout d'abord falloir trouver un endroit où creuser. Là aussi, les critères à réunir sont multiples, que le bon sens impose. On doit évidemment être proche du Mur, mais dans un endroit discret ; l'idéal est une cave, pour trois raisons : les passants et même les habitants de l'immeuble ne voient normalement pas ce qui s'y passe, ne l'entendent guère davantage, et puis on est déjà au niveau du sous-sol, avec en général de la terre relativement meuble.

Mais il faut aussi pouvoir stocker ou évacuer la terre de déblaiement. On n'y penserait pas nécessairement aujourd'hui, mais cette question a été la hantise de pratiquement tous les tunneliers clandestins de Berlin-Est ; leur hantise, et parfois leur perte. Naturellement, le problème est beaucoup moins aigu à la périphérie quasiment campagnarde de l'agglomération ; mais alors c'est la zone du Mur qui est considérablement plus large, et ce n'est pas un hasard si l'immense majorité des tentatives d'évasion a finalement lieu non dans des bois ou des prairies, mais en pleine ville.

Le rêve : habiter une maison avec jardin dans la proximité immédiate du Mur. Ce n'est évidemment pas donné à tout le monde ! Mais il y a tout de même, au début des années soixante, des centaines de Berlinois de l'Est qui sont dans ce cas, et même dans un cas plus favorable encore : celui où cette demeure, parfois aristocratique, le plus souvent modeste, n'abrite qu'une seule famille. On connaîtra même le cas, inverse, d'un Berlinois de l'Ouest que la ligne de démarcation a séparé de son jardin, à l'Est, un petit potager désormais entouré d'une haute clôture de barbelés par les bons soins de la police est-allemande, et qui aura le droit d'aller le cultiver en passant par une petite porte métallique spéciale percée à son usage exclusif dans le Mur, sous étroite surveillance bien sûr, mais sans être jamais dérangé. Il n'en fera au demeurant jamais profiter des candidats à l'évasion, mais qu'aurait-il pu leur offrir en fait ?

L'évacuation de la terre, donc, est considérablement facilitée si l'on est chez soi, avec un peu d'espace même réduit à la portion congrue d'un jardinet citadin. Devant l'une de ces maisons, par exemple, tandis que les jeunes s'activent à la cave pour forer un passage vers l'Ouest, le grand-père s'applique ostensiblement à refaire ses parterres de fleurs et ses carrés de légumes. En perfectionniste vétilleux, il ne semble jamais satisfait de son travail, bêche et rebêche, déplace ses poireaux, ses rosiers, éclaircit ses rangs de radis, sème à nouveau, plante quelques arbustes pour lesquels, bien sûr, il a besoin de terre fraîche. Cela tombe bien : il en arrive chaque nuit deux bonnes brouettes du sous-sol… Naturellement, il faut la tasser énergiquement pour que cet afflux ne se remarque pas trop. Les voisins louent ce beau zèle horticole, essaient de l'imiter, demandent des conseils et se promettent à leur tour de belles récoltes, bienvenues face aux étals si médiocres des boutiques d'État. Sont-ils entièrement dupes ? Toujours est-il que ce bon retraité à la main si verte ne sera pas dénoncé – et que ses trois petits-enfants pourront, quelques semaines plus tard, gagner la liberté.

On s'en doute : toutes les tentatives d'évasions souterraines ne se termineront pas aussi bien ; il s'en faudra même de beaucoup. Et d'abord parce que, sans parler des risques policiers encourus (et le son des pioches et des marteaux est vite repéré dans la nuit, même lorsqu'on a pris la précaution de les entourer de chiffons), on ne s'improvise pas puisatier, tunnelier, mineur… Or si, justement, il faut bien improviser : la très grande majorité de ceux qui tentent l'aventure n'ont évidemment, sauf bienheureux hasard, aucune expertise, ni même aucune expérience, en matière de forage du sous-sol. Et, qui plus est, du sous-sol urbain, dans une ville très ancienne, dont il n'est évidemment pas question de demander les plans de conduites et câbles souterrains.

Ceux qui creusent, dans une quasi-obscurité, la sueur au front et la peur au ventre, ne savent jamais sur quoi ils vont tomber trois centimètres plus loin : un fort courant électrique, de la pierre ou du ciment qui les obligera à se dérouter en abandonnant parfois le bénéfice de longues nuits de travail, une nappe ou une conduite d'eau qui va envahir en quelques secondes leur mince galerie ?

Car ces passages qu'ils forent à tâtons vers la liberté sont évidemment très étroits, calculés au plus juste pour le passage d'une personne à la fois, rampant sur ses coudes et ses genoux, en général sur plusieurs dizaines de mètres. Une seule fois, une famille construira une galerie pratiquement à hauteur d'homme, ou plutôt, en l'occurrence, de femme : la maman, claustrophobe, est saisie d'une panique irrépressible à l'idée de devoir passer dans le très étroit boyau préalablement creusé, malgré toute son envie d'accompagner les siens vers l'Ouest. Qu'à cela ne tienne : cette toute petite galerie, on ne va pas l'élargir, mais on en grattera le sol et le plafond, jusqu'à former un petit couloir de 1,50 mètre de haut.

Pour poursuivre cet éprouvant jeu de piste, il s'agit enfin de savoir où et comment on va remonter à l'air *libre*, le bien nommé en l'occurrence. La chose la plus importante est évidemment de savoir si l'on est vraiment passé « de l'autre côté », dans un contexte où il n'est pas question d'aller faire des repérages ou des relevés cadastraux ! Ensuite, il faut creuser non plus devant soi, mais vers le haut, souvent sans trop savoir sur quoi on va tomber, ou plutôt au milieu de quoi on va émerger. En général, on utilise un cric de voiture, appuyé sur un empilement en dur, pour forcer le sol à livrer passage. L'idéal est alors de tomber sur une autre cave, ou un espace vert, donc meuble. Mais il peut aussi s'agir de ciment, ne serait-ce que celui du trottoir ou de la chaussée, sans parler de redoutables fondations d'immeubles.

Si l'on peut attirer l'attention, donner l'alerte, on a de très bonnes chances de se faire secourir, et accueillir en héros, par des Berlinois de l'Ouest. Encore faut-il être tout à fait certain d'avoir gagné la partie occidentale de la ville, alors que l'orientation, en sous-sol, est extrêmement difficile, et ne saurait se résumer au souci de « creuser tout droit » (surtout quand des obstacles ont justement imposé des détours !). Et puis, même lorsqu'ils sont certains d'être enfin passés de l'autre côté du Mur, les fugitifs restent, en leur terrier précaire, fût-il étayé de quelques pièces de bois – et tous ne prennent pas cette précaution pourtant élémentaire – à la merci d'un éboulement final, potentiellement tout aussi meurtrier à l'Ouest qu'à l'Est, bien sûr.

Il y a, aussi, des coïncidences tragiques. L'histoire de Siegfried Noffke est à cet égard exemplaire. Ce Berlinois de l'Est de vingt-deux ans s'est trouvé, curieusement, bloqué à l'Ouest où il était allé rendre visite à des parents, le 13 août 1961. Sa femme et sa fille sont restées à l'Est, et pour les exfiltrer, il se joint à un groupe de jeunes qui s'est mis en tête de construire un tunnel de la Sebastianstrasse, dans le quartier de Kreuzberg, à l'Ouest donc, jusqu'à une cave préalablement repérée de la Heinrich Heine Strasse, à l'Est, soit environ 150 mètres. Les travaux avancent bien, avec les considérables facilités que donne le fait de partir du secteur occidental. Mais l'opération est doublement condamnée.

D'abord parce que côté oriental, dans un immeuble voisin de celui où va déboucher le tunnel parti de l'Ouest, un groupe d'étudiants a commencé lui aussi à creuser, dans l'autre sens bien entendu, et sans trop de précautions ; un léger affaissement de la chaussée est bientôt repéré par les VoPo, qui installent une souricière. Ensuite parce que dans le groupe auquel s'est joint Noffke, il y a une « taupe » de la Stasi, un nommé Jürgen Henning, qui a évidemment tenu son service au courant de tous les progrès de l'entreprise.

Quand le jeune Siegfried émerge, le premier, et tout heureux, du tunnel au bout duquel l'attendent en principe sa femme et sa fille, au matin du 28 juin 1962, il est aussitôt arrêté et fusillé sur place par les hommes de la Stasi. Sa non moins jeune veuve sera emprisonnée jusqu'à la chute du Mur pour « conspiration anticommuniste », de même que deux « complices » qui l'avaient aidée à préparer son évasion. Le paradoxe est que les étudiants est-allemands dont l'imprudence a été l'une des deux causes du repérage de la tentative par la police politique ne seront, eux, jamais inquiétés, faute d'avoir été identifiés à temps…

Mais d'autres tentatives souterraines connaissent un sort beaucoup moins funeste, et même spectaculairement heureux. Ainsi celle que lance un groupe d'étudiants de Berlin-Est au printemps 1964, et qui aboutira, les 3 et 4 octobre, à la plus vaste évasion de masse de toute l'histoire du Mur, avec 57 personnes gagnant l'Ouest sans la moindre perte. Ce qui est d'autant plus méritoire que la plus âgée d'entre elles est une dame atteinte d'une sérieuse affection cardiaque, et la plus jeune un bambin qui dira simplement en émergeant au grand jour, parce qu'on lui avait enjoint de bien se serrer contre son porteur sans chercher à jeter autour de lui des coups d'œil toujours potentiellement impressionnants, ni à comprendre ce qui se passait durant les longues minutes de la fuite : « J'ai bien regardé, mais je n'ai vu aucune bête sauvage dans la grotte ! »

Ce groupe, hanté par le souci de faire un sans-faute exemplaire, choisit délibérément deux difficultés qui devraient, en lui compliquant la tâche, faciliter paradoxalement son succès : commencer relativement loin du Mur, et s'enfoncer profondément dans le sol. Cela signifie, concrètement : un tunnel de près 150 mètres de long, à 10 mètres sous la surface. Cela peut sembler extravagant, dans les conditions de clandestinité du lieu et de l'époque, mais 36 jeunes gens résolus, courageux, unis et… discrets, vont se relayer durant six mois pour faire de ce projet un peu fou une réalité.

Comme toujours, l'aventure a commencé par la recherche d'un site approprié pour creuser. Des repérages sont faits aux deux extrémités de ce qui n'est encore qu'un tunnel potentiel, virtuel : à l'Est, les toilettes extérieures installées dans l'arrière-cour d'un vieil immeuble de la Bernauer Strasse – toujours elle – semblent pouvoir faire l'affaire ; à l'Ouest, des amis occidentaux repèrent, à distance raisonnable dans l'axe de cet humble mais providentiel édicule, une ancienne boulangerie désormais désaffectée, mais qu'ils parviennent à louer sous un vague prétexte pour 100 marks par mois. Ils vont pouvoir y préparer l'arrivée de leurs frères séparés, dans des conditions qui sont de toute façon beaucoup plus faciles, puisqu'ils sont en secteur occidental.

Côté oriental, on s'attelle donc à la besogne avec un sérieux digne des conducteurs de travaux les plus chevronnés. Un plan de roulement est établi, on installe au fur et à mesure que l'on creuse un système de mini-chariots tractés par des câbles sur des rails qui courent dans la galerie en construction (hauteur maximale : 70 centimètres !) pour évacuer la terre. Du moins jusqu'à ces providentielles toilettes, après quoi il faut l'emporter vraiment, et surtout discrètement. On la répartit dans les poches de vastes imperméables arborés avec une certaine vraisemblance en ce printemps heureusement pluvieux, dans des sacs de sport aussi, que ces jeunes gens portent d'autant plus volontiers qu'ils sont tous plus ou moins affiliés à des clubs ou des amicales ; après quoi il faut, le plus souvent en métro, et en en guettant l'opportunité, aller la répandre dans les jardins publics et autres espaces verts plus périphériques.

La galerie proprement dite est, elle aussi, conçue avec un soin extrême. Si étroite soit-elle, elle est entièrement étayée, sauf bien entendu au sol, avec des lattes de bois épais, qu'il faut se procurer clandestinement, couper aux bonnes dimensions et fixer avec un soin extrême : rien d'autre ne garantira les tunneliers d'abord, puis les fugitifs, contre d'éventuels éboulements, ni, plus redoutable encore, contre une soudaine irruption de l'eau. Les étudiants ont aussi prévu un éclairage électrique sur les 148 mètres du tunnel – avec des ampoules qui ne sont installées que de loin en loin, bien sûr, mais de façon qu'aucune portion de la galerie ne reste dans l'obscurité : il n'est déjà pas si simple de ramper dans un boyau à 10 mètres sous terre, si l'on doit en plus le faire dans un noir absolu… Et comme il faut tout prévoir, y compris une coupure de courant, une sorte de main courante est aussi scellée dans la paroi, pour pouvoir se guider (ou plutôt se rassurer, car en vérité il n'y a guère d'hésitation sur le chemin à suivre !) en cas de black-out.

Reste qu'il n'est pas facile de descendre si profondément dans un tel puits, forcément quasi vertical, et à plus forte raison d'en remonter. Qu'à cela ne tienne : nos hardis bricoleurs, jamais à cours d'imagination, vont installer une sorte d'ascenseur rudimentaire, fait d'une planchette coulissant sur un filin. « Et si, nous ayant découverts, les VoPo nous envoient les gaz ? »

s'enquiert un jour l'un d'eux, lors d'une des réunions quotidiennes de chantier. Toute question a sa réponse : un étudiant a récupéré chez son grand-père des masques à gaz datant de la guerre. Pas suffisamment pour en équiper tout le monde, il ne faut pas rêver ; mais des chefs d'équipe sont nommément désignés (et, bien sûr, équipés desdits masques) pour prendre en charge, le cas échéant, ceux qui ne pourraient en disposer, et les guider vers la sortie à l'Ouest à travers la fumée ou les vapeurs toxiques… Là aussi, on ne reste pas dans le vague, sur le thème : « Tu n'auras qu'à prendre cinq personnes avec toi si besoin est. » Non : chacun a la liste nominative de ceux qu'il devra assister en cas de coup dur, et chaque assisté potentiel sait par qui il sera pris en charge. Et des répétitions ont lieu avant le jour J, pour que tout le monde sache exactement ce qu'il aura à faire, dans quel ordre, et avec qui. Les Allemands ont un mot pour cela : la *Gründlichkeit*, autrement dit la capacité d'aller – sans jeu de mots – « au fond des choses ». On les moque parfois pour cette préoccupation un peu lancinante. Le régime est-allemand, lui-même obsédé du détail, aura cette fois-ci trouvé son maître, et les 57 aspirants à la liberté émergeront tous du tunnel, à l'Ouest, par une belle matinée de l'automne 1964.

Tous, bien sûr, n'auront pas cette chance, même si en l'occurrence le mérite l'a de beaucoup emporté sur le hasard. Il y aura de très nombreuses renonciations. Parce que la mise en œuvre d'un projet d'évasion souterraine se révèle, à l'usage, infiniment plus difficile qu'on ne l'avait imaginé. Ou, plus souvent encore probablement, parce que la Stasi a eu vent de la tentative, grâce à des mouchards infiltrés, ou tout simplement des témoignages « spontanés » de citoyens de la RDA qui ont appris à savoir combien leur relatif confort de vie dépend de leur degré de collaboration avec la police politique du régime communiste. Parfois, les VoPo se contentent d'enfumer les fugitifs et de les cueillir lorsqu'ils émergent, suffocants, de leur tunnel inachevé, bras en l'air ; tous ne sont pas fusillés sur place comme le malheureux Siegfried Noffke, mais ceux qui échappent aux exécutions sommaires sont soumis à des interrogatoires très musclés destinés à leur faire avouer où, quand et comment ils se sont procuré le matériel et les contacts nécessaires à leur pernicieuse entreprise, et s'ils ont connaissance de l'existence d'autres réseaux, d'autres tentatives, puis, pour ceux qui survivent à ces séances, envoyés en prison pour de longues années.

Une fois passés de l'autre côté du Mur, certains réfugiés, un peu grisés par le succès de leur tentative, et tout à leur rage de dénoncer le régime carcéral auquel ils viennent d'échapper, se répandent en interviews, voire en conférences, évidemment très bienvenues côté occidental. D'autres, plus modestes, plus timides ou plus prudents, surtout s'ils gardent à l'esprit que tout ce qu'ils pourront dire publiquement à l'Ouest sera enregistré, analysé et répercuté à l'Est, parfois au plus grand dam de leurs proches qui peuvent y demeurer encore, se taisent et n'ont de cesse de se fondre dans la masse. Il existe naturellement pour eux des structures d'accueil, des organismes publics ou des fondations privées. Les plus sages, marqués par la culture du silence qui a été pour eux une des clés de la survie en régime socialiste, se gardent bien d'y faire appel. Et cela d'autant plus que la crainte d'être repris par les agents secrets est-allemands infiltrés à Berlin-Ouest est chez eux bien réelle.

On pourrait croire à une sorte de fantasme, de délire de la persécution un tantinet paranoïaque, de la part de gens qui ont fui avec succès un régime en effet totalitaire, et peu regardant sur les moyens de sa domination, mais qui, à l'Ouest, ne peut, en principe, strictement plus rien contre eux. Malheureusement, cette peur de l'enlèvement et de la reconduite forcée à l'Est, avec les suites que l'on imagine, n'est pas dénuée de fondement. Des évadés qui ont eu l'imprudence de s'afficher, de faire un peu parade de leur libération, sont repérés par les agents de la RDA et, en général après avoir été drogués et déguisés en officiers ou soldats soviétiques, ramenés dans une voiture officielle de l'autre côté du Mur qu'ils se sont donné tant de mal pour franchir, d'une façon ou d'une autre. La procédure est plus fréquente que la liquidation pure et simple, qui n'intervient qu'en cas d'urgence, parce que le transfuge est susceptible de divulguer des secrets du régime, ou bien à l'encontre de Berlinois de l'Ouest dont l'activité en faveur de leurs frères séparés de l'Est commence à devenir préoccupante… et voyante.

Ces tunnels de la liberté, il s'en creusera, bien entendu, à peu près aussi longtemps que le Mur demeurera. Mais ils restent tout de même plutôt liés, dans la mémoire des Berlinois, aux tout premiers temps de l'enfermement. Au fur et à mesure qu'évolue la situation internationale, et sur place la perception que l'on peut avoir des moyens d'y échapper, vont se dessiner d'autres projets, au moins aussi rocambolesques, comme on va le voir, et tout aussi efficaces.

Car le statut de fait créé à Berlin par la construction du Mur commence enfin, près de deux ans après la fermeture d'août 1961, à faire l'objet de nouvelles démarches de la part des trois puissances occidentales occupantes. À commencer par les États-Unis : le 27 juin 1963, John Kennedy se rend sur place et, du balcon de l'hôtel de ville de Schöneberg, il lance devant une foule immense une petite phrase en allemand qui fera le tour du monde : « *Ich bin ein Berliner* » (« Je suis un Berlinois »). Moins de cinq mois plus tard, le 22 novembre, il tombera, il est vrai, sous des balles toujours mystérieuses à Dallas. Mais sa formule lui survivra et fera florès, quitte à ce qu'elle illustre, au moins autant que l'empathie de l'Occident à l'égard des Berlinois, sa terrible impuissance.

Il y avait au lendemain des premiers travaux du Mur, selon les sondages d'opinion qui commençaient alors à faire une apparition timide dans les démocraties, environ les trois quarts des Berlinois de l'Ouest pour estimer que les Alliés ne renonceraient jamais à leur engagement de les protéger et de les aider. Cette proportion, en quelques mois, va sensiblement baisser après différents incidents sanglants (dont la mort particulièrement tragique du jeune Peter Fechter, déjà évoquée et sur laquelle on reviendra au chapitre suivant), et auxquels l'Occident ne réagit que par des protestations verbales, ou même écrites, certes indignées mais sans aucune conséquence pratique, et d'ailleurs rejetées avec autant de hauteur que de promptitude par l'autre camp.

Assez vite, les Berlinois prennent la mesure de deux choses apparemment contradictoires, et en fait complémentaires. La première est que les puissances occupantes, c'est-à-dire protectrices, de Berlin-Ouest comme d'ailleurs de la RFA, comptent bien assurer ce qui demeure tout de même de très loin l'essentiel : le libre accès au secteur occidental de la ville. Et cela en garantissant l'inviolabilité des couloirs de circulation terrestre et aérienne, ces derniers étant d'ailleurs statutairement interdits à la Lufthansa : il faut prendre, entre Berlin-Ouest et la République fédérale proprement dite, Air France, British Airways ou, à l'époque, la Pan Am, la compagnie nationale ouest-allemande se heurtant à cet égard à un absolu veto soviétique. Mais le second constat des Berlinois est plus amer, plus désabusé : pour tout le reste, ils seront bien avisés de se débrouiller par eux-mêmes, et de ne pas trop compter sur une libération que les Alliés iraient tenter d'imposer, dans une très improbable épreuve de force, aux autorités soviétiques et est-allemandes, donc à l'Armée rouge.

Sans doute cette relative résignation ne se manifeste-t-elle pas en un jour, ou à la suite d'un événement précis ; mais elle gagne en peu d'années une population qui voit bien qu'au fur et à mesure que se consolide, se rehausse et s'étend le Mur, on passe d'une sorte de scandale international temporaire, forcément temporaire, à une situation de fait qui a tout pour se prolonger autant que la division Est-Ouest du monde elle-même, archétype du « provisoire qui dure », et qui aurait même tendance à s'éterniser. En quoi les Berlinois ont au fond doublement raison ; ce qu'ils ne peuvent deviner, c'est que, dans bien des lustres, c'est aussi de leur ville que viendra justement le signal de la fin de cette fracture mondiale.

Quant à patienter devant cet état de fait sur lequel personne ne semble avoir de prise, c'est évidemment plus facile à l'Ouest qu'à l'Est. Et c'est bien pourquoi la rage de gagner la liberté en franchissant le Mur d'une façon ou d'une autre, comme disait de Gaulle à propos de la flamme de la Résistance française, « ne doit pas s'éteindre et ne s'éteindra pas ».

# Chapitre IX

## *Partir, encore et toujours...*

IL FAUT BIEN (sur)vivre avec son temps. Et au tournant du milieu des années soixante, le temps, même à l'Est, est à l'automobile. La voiture va désormais jouer dans les évasions un rôle beaucoup plus sophistiqué que précédemment. Jusqu'à présent en effet, on s'en est surtout servi, en préférant pour d'évidentes raisons les poids lourds aux véhicules particuliers, comme d'un bélier pour enfoncer ce qui n'était pas encore tout à fait un mur, en tout cas *le* Mur ; ou comme d'une protection contre les tirs des policiers est-allemands, surtout si l'on avait la chance de pouvoir dérober une voiture blindée.

Ce mode opératoire ne pouvait être promis à un grand avenir : il n'avait de chance raisonnable d'aboutir que durant les premiers mois et en des points de passage encore peu militarisés. Au fur et à mesure que le Mur remplace les barbelés, puisqu'il se double, côté Est évidemment, d'une sorte de redoutable *no man's land* miné et sous le feu des casemates de surveillance, cette chance se réduit terriblement puis disparaît. Il faut trouver autre chose, et l'ingéniosité humaine, en particulier lorsqu'il s'agit de recouvrer sa liberté, va une fois de plus se révéler vaste, tenace, et si imaginative que l'on pourrait être tenté d'en rire, au moins après coup, n'était la gravité de l'enjeu qui n'est autre, bien souvent, que la vie ou la mort des fugitifs.

Ce qui caractérise les nouveaux modes d'évasion de Berlin-Est, c'est au fond qu'ils ne vont plus se fonder sur l'absolue dissimulation, comme c'est évidemment le cas pour les tunnels, mais sur la maîtrise des apparences, voire sur une certaine forme de jeu avec ces apparences.

Il y a eu, bien sûr, mais pour peu de temps là aussi, de classiques exfiltrations avec de faux papiers, car certains fonctionnaires est-berlinois sont parfois appelés à se rendre à l'Ouest, dont l'entrée ne leur est normalement pas refusée puisque, même si c'est en principe le secteur occidental qui est encerclé, c'est bel et bien la population orientale qui est en réalité enfermée. Donc, avec un faux ordre de mission, et parfois même avec un vrai, on peut passer « de l'autre côté », notamment au volant d'une de ces petites *Trabant* (« satellite », en allemand) qui, depuis 1957, sont en train de devenir littéralement la marque de fabrique du régime, et qui ne lui survivront d'ailleurs pratiquement pas après la réunification de 1990. Pas plus que les *Wartburg,* qui doivent leur nom, quant à elles, à celui du château jouxtant le site industriel d'Eisenach, en Thuringe, où elles sont produites et qu'Opel allait ensuite racheter et rénover complètement après la réunification.

Ces voitures emblématiques, rudimentaires mais ingénieuses, dont il faut parfois attendre la livraison dix, voire quinze ans, tant les cadences de production sont insuffisantes, vont jouer un rôle dans nombre d'évasions, malgré leur exiguïté ; elles rencontrent, à l'Ouest, un succès amusé et assez condescendant, malgré ce qu'il faut bien appeler leur génie de l'économie (pas en carburant, il est vrai, ni en gaz d'échappement particulièrement polluants), et de la simplification mécanique.

Mais ces passages automobiles « au grand jour », avec de faux ou vrais papiers, n'ont eux-mêmes qu'un temps : en matière de contrôle policier, on ne saurait duper durablement un régime de cette nature. Et c'est là que l'imagination des candidats à l'évasion va devoir se donner libre cours, toujours en s'appuyant sur le support d'une voiture.

Le procédé le plus courant consiste à retirer du véhicule suffisamment de choses pour pouvoir y aménager une cachette, tout en en respectant ou en en reconstituant l'aspect général, extérieur bien sûr mais aussi intérieur. Car les voitures qui passent le Mur d'Est en Ouest, inspectées un peu distraitement au début (en faisant tout de même ouvrir le coffre, en général, et en balayant l'habitacle du pinceau lumineux d'une lampe torche, la nuit), vont être de plus en plus minutieusement examinées. Rien ne doit donc attirer l'attention des policiers. Plus tard, à Check Point Charlie, les gardes-frontières examineront même le dessous des véhicules individuels et des poids lourds qui demandent le passage, soit avec de grands miroirs montés sur roulettes, soit avec une fosse comparable à celle des garagistes – car certains ont tenté de passer tout simplement (si l'on ose dire !) accrochés sous une voiture, un bus ou un camion.

Mais on n'en est pas encore là pour l'instant. Et l'une des choses que l'on retire le plus facilement est le réservoir d'essence, que l'on peut remplacer par un bidon beaucoup plus petit mais encore suffisant, même avec les consommations de l'époque et l'attente possible au point de contrôle, pour gagner Berlin-Ouest. Encore la Trabant présente-t-elle, de ce point de vue, un sérieux inconvénient puisque son réservoir, au demeurant petit, est placé relativement haut, pour une raison très représentative de sa nature spartiate : il n'y a pas, pour alimenter le moteur, et contrairement aux autres modèles, de pompe à essence, car celle-ci ne gagne le carburateur que par gravité…

Un autre grand classique de la préparation clandestine des voitures destinées à être utilisées pour une évasion consiste à installer dans le coffre une sorte de couvercle fait du haut de vraies valises ou paquets, qui pourront même être ouvertes lors du contrôle à condition qu'on ne les sorte pas, mais ménageant, dessous, une cache susceptible d'accueillir, sous une quinzaine de centimètres de linge, d'échantillons ou d'instruments de travail, un fugitif dont on imagine avec quelle hâte il doit attendre la fin de l'épreuve…

D'autres, particulièrement doués pour un bricolage auquel il n'est évidemment pas question de procéder au vu et au su de ses voisins, même lorsque l'on prépare le véhicule du côté Ouest, optent pour un rallongement subreptice de la carrosserie, ou déplacent les banquettes, pour créer un petit espace. Certains iront même jusqu'à implanter la cachette là où on l'attend le moins : dans le compartiment du moteur. Lequel, longtemps, ne sera pas inspecté puisqu'il va de soi qu'il est pleinement occupé si la voiture fonctionne… Ce qui suppose évidemment de savantes modifications techniques dont la maîtrise, pour le moins, n'est pas donnée à tout le monde. Inutile d'ajouter que dans de telles conditions, pour les postulants à l'exfiltration, mieux vaut avoir un physique d'acrobate ou de jockey que de lutteur de sumo !

Certains modèles resteront célèbres dans la saga des évasions berlinoises. Ainsi cette Opel qui en permettra dix-huit, avant que son repérage tardif par les VoPo ne vienne tout de même porter un coup fatal à sa brillante carrière. On accède à la cachette, disposée en long à l'avant de la voiture, en déboîtant la moitié de la calandre, à côté du radiateur, puis on referme le tout et on croise les doigts… Ou encore cette Isetta, la voiturette citadine du constructeur italien Iso Rivolta, notamment produite sous licence en RFA, qui n'est jamais fouillée parce qu'elle n'est composée que d'une sorte de bulle partiellement vitrée et à peine biplace, s'ouvrant par l'avant et où rien ni personne, compte tenu de son extrême exiguïté, ne semble pouvoir être dissimulé. Son ingénieux propriétaire n'utilise plus, comme réservoir d'essence, qu'une demi-bouteille fixée au tuyau d'alimentation, ration de carburant pour le moins congrue mais qui lui permettra tout de même, grâce à la place ainsi dégagée dans l'épaisseur de la cloison arrière, de faire passer le Mur à huit Berlinois de l'Est au total – est-il besoin d'ajouter : successivement ?

Il y a aussi le cas de ce petit cabriolet de sport, très surbaissé, qu'un Autrichien résidant à Berlin-Ouest loue dans un garage spécialisé du Kurfürstendam un beau jour de mai 1963. Sa passion pour les belles mécaniques n'est pas feinte, mais c'est en l'occurrence un attachement d'un autre ordre qui le motive, puisqu'il n'ambitionne rien de moins que d'enlever à l'Est sa fiancée dont la construction du Mur, près de deux ans plus tôt, l'a séparé. Or il a remarqué que la voiture de sport en question est si basse qu'en faisant le sacrifice du pare-brise, elle doit pouvoir passer au-dessous des barrières du poste de contrôle, du genre de celles que l'on trouve aux passages à niveau. L'Autrichien entre tranquillement à Berlin-Est – son véhicule peut se prêter sans problème à tous les examens – se rend chez sa fiancée qui a été prévenue par un contact dont il y dispose, l'allonge sur la mini-banquette arrière du cabriolet, installe tout aussi énergiquement dans le coffre lui aussi bien étroit la mère de sa belle, puis fonce à travers les chicanes et finalement, tête prudemment baissée, se glisse en effet, de justesse mais avec succès, sous la barrière qui n'a, bien évidemment, pas été levée. Stupéfaits, les gardes n'ouvriront le feu que sur ce qui n'est déjà plus qu'un nuage de poussière, de l'autre côté…

L'histoire ne s'arrête d'ailleurs pas tout à fait là puisque un de ses amis, un Argentin, lui, à qui il a raconté son exploit, va le rééditer exactement dans les mêmes conditions et pour le même motif, quoique, tout de même, à un autre point de passage pour ne pas tenter le diable. Comme dans un conte, les deux couples se marieront quelques semaines plus tard au cours d'une cérémonie commune. Il est vrai qu'entre-temps, les autorités est-allemandes, peu sensibles au comique de répétition, auront fait garnir d'infranchissables piquets verticaux ces barrières de métal, et transformer la chicane de telle sorte qu'on ne pourra plus la prendre qu'au pas.

D'aucuns se montrent moins inventifs, moins attentifs aux détails, ou tout simplement moins chanceux. Une des choses qui trahira plus d'une fois la présence d'un ou deux fugitifs est, surtout sur de vieux modèles aux amortisseurs très fatigués, un affaissement suspect de la voiture, largement en arrière du centre de gravité normal, alors qu'aucun passager n'est visible. Certains contournent la difficulté en introduisant dans les ressorts de la suspension des pièces métalliques, idéalement des boules, qui vont en limiter la compression. Avec, évidemment, un effet désastreux sur le confort et la tenue de route de la voiture, mais il ne s'agit pas en l'occurrence d'une promenade d'agrément, ni d'un rallye.

Là aussi, on peut au contraire être tenté de se servir d'apparences suspectes pour déjouer la surveillance. Ainsi deux ouvriers affectés à des travaux sur la face occidentale du Mur (dont il faut se souvenir qu'elle est elle aussi en territoire oriental, justement pour que l'on puisse en faire le tour sans contrevenir aux accords), vont-ils avoir une idée de génie pour exfiltrer toute leur petite famille respective – pas trop nombreuse il est vrai.

Le premier se présente un matin au poste de contrôle avec, outre son ordre de mission tout à fait régulier, une voiture dont l'arrière traîne presque par terre ; il est suivi, dans un autre véhicule présentant le même aspect, par son collègue. Naturellement, on lui fait ouvrir le coffre, et notre homme peut exhiber des outils de terrassement et des sacs de ciment, évidemment très lourds et justifiant donc pleinement l'assiette suspecte de sa voiture, outre qu'ils correspondent parfaitement au travail qu'il est censé aller faire de l'autre côté du Mur.

On le laisse passer avec un mot aimable – démonterait-on pièce par pièce son véhicule fatigué qu'on n'y trouverait d'ailleurs absolument rien de suspect – et montrant du pouce l'autre voiture si semblable, il précise avec le ton de l'évidence un peu lasse : « Le camarade est avec moi, bien sûr. » Ce qui n'est pas faux non plus, d'ailleurs : mais le « camarade » en question transporte, lui, cinq personnes dans la grande cache qu'il a aménagé sous une très mince couche de fournitures de maçonnerie… Quand la supercherie est découverte, à la fin de la journée, il y a longtemps que les sept fugitifs fêtent, à l'Ouest, mais dans la plus grande discrétion, leur liberté retrouvée.

Il y a aussi, toujours au chapitre des évasions motorisées, une tentative dont on peut dire sans exagération qu'elle relève d'une très audacieuse mise en scène, puisqu'il va s'agir de faire passer trois Berlinois de l'Est pour des officiers soviétiques, se rendant en mission d'inspection à l'Ouest à bord d'une voiture militaire dûment maquillée. C'est simple, génial, et terriblement dangereux : les risques encourus en cas de découverte avant le franchissement du Mur sont à la hauteur des talents qu'il va falloir déployer ; mais un dicton populaire n'assure-t-il pas que « plus c'est gros, mieux ça passe » ?

Une de leurs amies, que l'on imagine fort douée pour la couture, et pour qui sera en outre installée une cachette sous le tableau de bord, entreprend donc de leur confectionner des uniformes d'officiers de l'Armée rouge, longs manteaux et casquettes plates comprises. La chose prend du temps : il faut dessiner des modèles, les améliorer petit à petit par des observations inévitablement fugaces, trouver les tissus qui feront à peu près illusion… Il faut aussi, pour les jeunes gens, repérer une immatriculation militaire soviétique crédible et confectionner de fausses plaques. Car il est vital que la plausibilité de leurs personnages soit totale et immédiate : aucun d'eux ne parle réellement le russe, même si le plus âgé en connaît quelques rudiments qui ne feraient pas illusion une seconde s'ils tombaient sur des « compatriotes ». Il faut donc que tout se passe dans cette qualité d'absolue incuriosité que suscite l'évidence, et sans qu'il soit nécessaire de prononcer un seul mot.

Pendant des semaines, une fois les faux uniformes prêts, vérifiés et revérifiés, les quatre complices organisent de nombreuses séances de répétition devant la grande glace de la jeune couturière. Il faut notamment attraper le geste un peu particulier du salut militaire russe, la main inclinée à plat sur la tempe. Il convient aussi de s'entraîner à arborer à l'égard des gardes est-allemands, malgré la peur qui fouaillera certainement les ventres au moment où ils se présenteront au poste de contrôle, le demi-sourire un peu condescendant (il ne faudrait pas l'oublier, les Soviétiques sont tout de même les vainqueurs !) que l'on peut imaginer de mise en pareille circonstance, et aussi l'air pressé de qui a mieux à faire qu'à perdre son temps en formalités, surtout auprès de sous-ordres du pays vaincu.

Tout semble enfin prêt, et le grand jour arrive. La voiture se présente au ralenti devant le poste de contrôle, évidemment conduite par le moins gradé des trois « officiers ». Dans l'habitacle règne un silence tendu, mais il ne doit rien en transparaître sur leurs physionomies ; les trois hommes, comme ils l'ont fait si souvent devant le miroir de leur amie, portent quatre doigts qui ne tremblent pas à la lisière de leur casquette, et les gardes, ô miracle, leur font signe de passer sans autre examen, leur rendent leur salut et leur sourire ! Par sécurité, les jeunes gens franchissent aussi dans la même imposture le contrôle occidental, il est vrai beaucoup plus léger, et la supercherie fonctionne encore ! Ce n'est qu'un peu plus loin, à l'abri des regards, qu'ils estiment enfin pouvoir s'arrêter, extraire la jeune femme de sa cachette… et passer d'urgence des vêtements civils.

Vers le milieu des années soixante également se multiplient les chantiers de travaux publics ayant Berlin-Est comme point de départ et comme maître d'œuvre, mais qui concernent en fait les deux moitiés de la ville. Encore et toujours le Mur, bien sûr, dont on a dit qu'à cette époque il est encore très loin d'avoir, en quelque sorte, bouclé la boucle en « dur », même si la démarcation est en principe devenue strictement infranchissable ; mais aussi postes de contrôle à consolider ou étendre, stations de métro mitoyennes, aménagement de certaines rives frontalières, etc.

Les engins de terrassement et autres équipements utilisés à cette fin sont évidemment volumineux, et *a priori* moins susceptibles d'être contrôlés que des voitures particulières, des bus ou des camions – ces derniers vont d'ailleurs servir à en transporter jusque sur les chantiers. D'où l'idée qui s'empare d'un certain nombre de postulants à l'évasion de s'en servir d'une façon ou d'une autre pour passer à l'Ouest, même si ce n'est évidemment pas tout à fait le cas en général puisqu'une fois de l'autre côté, ils restent sur les quelques mètres de territoire de Berlin-Est, mais des mètres précieux puisque non verrouillés.

Un premier passage a lieu à l'intérieur d'un gros appareil électrique, un transformateur dont le poids de toute façon très élevé exclut pratiquement, sauf pesée à laquelle nul ne songe à procéder, de pouvoir détecter la charge supplémentaire d'une, voire deux personnes. D'autant plus que pour aménager la cachette, on a évidemment dû délester l'engin d'une partie de ses entrailles métalliques, tout en veillant à ce que certains voyants et cadrans continuent de fonctionner… Une fois refermée, la paroi mobile par laquelle s'introduisent les fugitifs ne peut plus être ouverte que par eux ; mais l'impression de tombeau doit tout de même être terrifiante, sans parler du fait qu'il faudra être très sûr du moment où ils pourront bondir dehors comme des diables de leur boîte, au grand ébahissement des autres ouvriers du chantier, et de courir à l'Ouest avant que les gardes armés qui surveillent les lieux aient eu le temps de comprendre – ni surtout de tirer.

Deux autres fois, c'est un énorme rouleau de câble électrique, qui lui aussi n'est manipulé que par une grue en raison de sa masse, qui va offrir l'abri de son très large moyeu de bois à des groupes de quatre personnes, qui arrivent à se faufiler dehors au bon moment et du bon côté, non sans refermer derrière elles la porte ronde de leur cachette. Après le second passage, toutefois, la ruse est éventée, et des agents de la Stasi arrivent, par recoupements, à localiser, à Berlin-Ouest où l'on a déjà dit que les infiltrés sont nombreux, un des membres du groupe de fuyards.

Il s'agit d'une jeune fille de dix-sept ans, encore toute tremblante de son audace… et d'avoir dû laisser derrière elle toute sa famille. Ils lui promettent l'impunité si elle les raccompagne à l'Est et leur raconte comment elle a procédé. Dans le cas contraire, d'ailleurs, font valoir les policiers est-allemands, ses parents, qui ont été arrêtés, auraient tout à craindre de son entêtement… Naturellement, elle craque, repasse le Mur, et raconte naïvement son aventure. Toute la filière tombera dans les griffes de la Stasi ; quant à la jeune fille, elle ne bénéficiera évidemment d'aucune impunité, et ira remplacer ses parents en prison.

On voit aussi certains Berlinois de l'Est, découragés par une efficacité tout de même croissante – malgré toutes ces évasions souvent réussies – du Mur et plus encore peut-être du dispositif de plus en plus impressionnant qui l'accompagne, aller tenter leur chance ailleurs en RDA. Non que la frontière qui la sépare de la RFA soit plus facile à franchir : la politique d'*Abgrenzung*, déjà évoquée, a au contraire verrouillé avec soin, sur le terrain, cette autre ligne de démarcation majeure ; quant à se rendre dans d'autres pays de l'Est, en particulier la Tchécoslovaquie ou la Pologne voisines, ce qui est facilement autorisé, cela ne résoudrait aucunement le problème – en tout cas, pas encore, puisque, en 1989… mais n'anticipons pas. Mais certaines zones très rurales (beaucoup plus rurales même, évidemment, que les plus champêtres des zones berlinoises excentrées) peuvent tout de même permettre un autre type d'évasion, très hardi lui aussi : emprunter la voie des airs.

Il y aura en particulier l'incroyable aventure de ces deux familles, Peter et Doris Strelzyk avec leurs deux grands fils, ainsi que Günter et Petra Wetzel accompagnés de deux enfants nettement plus jeunes. Les Strelzyk, las de constater qu'il leur serait impossible de s'enfuir de Berlin-Est tous les quatre, et n'imaginant pas de tenter leur chance séparément, ont obtenu d'être mutés dans le sud de la RDA, plus précisément dans la petite bourgade de Pössneck, à une vingtaine de kilomètres d'Iéna, et guère davantage de… la frontière avec la RFA, en l'occurrence la Bavière. Après leur installation, ils se sont en outre liés d'amitié avec leurs voisins, les Wetzel, dont ils n'ont pas tardé à découvrir qu'eux aussi rêvent de liberté.

Reste à passer à l'acte : la proximité de la frontière interallemande a beau les faire rêver, elle ne semble pas pour autant beaucoup plus facile à franchir que le Mur qui les a dissuadés de tenter la belle à Berlin… Ils décident alors de se lancer ensemble dans la construction d'une très vaste montgolfière, susceptible d'emporter en un seul voyage tout leur petit monde de l'autre côté – ce sera même, à l'époque, la plus grande jamais construite en Europe !

Il faut patiemment assembler panneau par panneau l'énorme ballon qui n'est pas dirigeable, ce qui supposera aussi d'attendre des vents propices, trouver des bouteilles de gaz et un vieux moteur de voiture pour bricoler un gros souffleur thermique, tout cela dans le plus grand secret. Dans la nuit du 15 au 16 septembre 1979, les conditions sont enfin réunies après un premier essai infructueux qui a du moins montré ce qu'il fallait améliorer techniquement, et en une demi-heure d'un vol à plus de 2 500 mètres d'altitude, la hauteur requise pour échapper aux projecteurs et aux fusils des gardes-frontières, ils sont tous les huit de l'autre côté ! Un exploit prodigieux pour des gens obligés de travailler en cachette, de partir en pleine nuit sans instruments de navigation et dont aucun, au demeurant, n'avait à l'origine la moindre connaissance en aérologie, et qui a fait plus tard l'objet d'un film (*Night Crossing*, en français « La Nuit de l'évasion », de Delbert Mann).

Toujours au chapitre des évasions aussi hardies qu'insolites, il faut mentionner deux tentatives subaquatiques, également réussies elles aussi. Un Berlinois de l'Est va profiter du fait que les barrières antiévasions ne sont pas encore solidement déployées dans les eaux de la Spree pour gagner l'Ouest à bord de ce qu'il faut bien appeler un micro sous-marin, comparé auquel les sous-marins dits « de poche » feraient encore figure de mastodontes. C'est avec deux lessiveuses qu'il soude entre elles, et le mécanisme d'un pédalo qu'il y adapte pour propulser son engin rudimentaire, qu'il réussit, sous la surface et en pleine nuit, à rejoindre la rive occidentale dans un passage qu'il a préalablement repéré. À ceux qui lui font observer que son imagination est certes magnifique, mais enfin qu'il eût sans doute été plus simple et plus rapide de faire ce court trajet à la nage, il répondra tranquillement : « Cela n'aurait été ni plus simple ni plus rapide : je ne sais pas nager ! »

En tout cas, il fera école puisqu'un autre citoyen de la RDA, le 9 septembre 1968, réussit à son tour une évasion sous-marine, mais autrement plus longue puisqu'il gagnera la côte danoise en cinq heures de navigation au raz de la Baltique. Là, le pédalo ne fournit pas le propulseur mais un flotteur, l'hélice étant entraînée par un petit moteur thermique récupéré sur une vieille moto et scellé à l'intérieur ; quant à notre hardi navigateur, il respire grâce à un tuyau de caoutchouc passé dans la lanière de son masque de plongée… Une fois de plus, le courage est relayé par l'imagination, à moins que ce ne soit l'inverse – toujours est-il que ces évasions sont aussitôt connues à l'Ouest, et donc aussi en RDA qui regarde abondamment la télévision occidentale, entretenant chez les Berlinois de l'Est la part de rêve, d'admiration pour les évadés, mais aussi de muette ironie à l'égard du régime, qui les aide à en supporter les mornes rigueurs.

Mais l'histoire des évasions n'est pas faite que de succès, il s'en faut même de beaucoup. Le premier échec dramatique est celui, le 17 août 1962, un an presque jour pour jour après la fermeture de la ligne de démarcation, d'un jeune maçon de Berlin-Est, Peter Fechter, qui va émouvoir toute l'Allemagne, et connaître à l'époque un retentissement international d'autant plus fort que l'on dispose d'images, lesquelles feront le tour du monde, et que la victime, dont le courage est si désespéré qu'il semble presque suicidaire, n'est âgée que de dix-sept ans. En outre, les autorités de la RDA auront un peu de mal à prétendre que cet ouvrier encore adolescent est un agent de la CIA et de la subversion capitaliste…

En compagnie d'un collègue et ami de son âge, Helmut Kulbeik, Fechter a repéré dans le quartier de Kreuzberg, non loin de Checkpoint Charlie, un atelier de charpente situé près d'un endroit où le Mur, encore bas et mince, n'est surmonté que d'un rouleau de barbelés qui semble à leur jeunesse, à leur inconscience aussi peut-être, aisément franchissable. Ils s'y cachent, puis, brusquement, s'élancent par une fenêtre, passent les premiers obstacles sans trop de peine, se hissent sur la clôture… Mais seul Kulbeik parvient à la franchir : Fechter est fauché par les tirs de gardes qui sont en faction dans une maison voisine, et qu'il n'avait certainement pas repérés. Il retombe lourdement du côté oriental du Mur, le bassin fracassé et l'abdomen perforé, perdant abondamment son sang, et appelant de toutes ses forces déjà déclinantes : « Aidez-moi ! Aidez-moi ! » Les habitants du quartier, de leurs fenêtres, suivent son agonie avec désespoir, mais ne peuvent évidemment intervenir. Même les meurtriers du jeune homme, d'ailleurs, sentant l'exaspération populaire, n'oseront plus se manifester avant deux heures ; de sorte qu'il va rester dans une mare de sang, au pied du « Mur de la honte » qui commence à bien mériter son nom, pendant une cinquantaine de minutes.

Côté Ouest, on est tout aussi démuni pour lui porter secours (ce qui aurait de toute façon été trop tard, diront plus tard les experts médicaux) ; tout au plus un policier se hisse-t-il sur la barrière, par la face occidentale bien sûr, pour lui lancer, assistance dérisoire et purement symbolique, des pansements et des médicaments dont le mourant n'a déjà plus que faire. Il faudra attendre près d'une heure pour qu'une autre unité de la DVA arrive sur les lieux et emporte le corps inanimé de Peter Fechter. Le lendemain, les camions militaires soviétiques qui ont le droit, eux, de se rendre à Berlin-Ouest, sont accueillis par la population sous une grêle de pierres ; et tout le long de leur trajet d'inspection, la foule scande : « *Mör-der ! Mör-der !* » (« Assassins ! »).

Pour le premier anniversaire de la mort de Fechter, Willy Brandt, alors bourgmestre de Berlin-Ouest, organisera en août 1963 une cérémonie solennelle et fera ériger, côté occidental bien sûr, une croix commémorative qui encore aujourd'hui est toujours abondamment fleurie. Puis, longtemps après, en mars 1997, cette tragique fusillade trouvera une esquisse d'épilogue judiciaire, avec l'identification et la condamnation des deux anciens gardes alors est-allemands qui avaient tiré les coups de feu mortels : Rolf Frierich et Erich Schreiber écoperont d'un an de prison. Sanction qui semblera probablement bien modeste au regard de l'émotion suscitée alors ; mais qu'aurait-on pu faire de plus, dans le climat de la réunification et de « page tournée » qui prévaut heureusement désormais, sans parler du fait que ces soldats de l'époque n'avaient aucun moyen de refuser d'obéir à leurs chefs ?

L'affaire Fechter est restée emblématique, d'autant plus qu'elle était la première qui eût une connotation aussi terrible, s'agissant d'un ouvrier de dix-sept ans tué parce qu'il voulait s'évader de la prétendue « patrie des travailleurs ». Quand on regarde aujourd'hui les photos de l'évacuation du corps de la victime par la *Volksarmee*, on lit sur les visages des soldats, jeunes eux aussi, commis à ce macabre exercice, quelque chose qui ressemble beaucoup à du chagrin et de la pitié, plus en tout cas que de la résolution ou même la paisible indifférence de qui accomplit banalement son devoir, fût-il lugubre. Les autorités de Berlin-Est ont d'ailleurs eu honte de ce meurtre tellement injustifiable, manifestement : peu après, elles ont fait raser la maison d'où étaient partis les coups de feu mortels.

Si encore ce drame exemplaire était resté unique ! Mais il s'en faut de beaucoup : on relèvera plusieurs dizaines de tragédies similaires tout au long de l'histoire du Mur. Bien d'autres personnes, généralement jeunes, tenteront de le franchir sans grand calcul, sans beaucoup de préparation, parfois sur un coup de tête, un coup de cœur, inconscientes du fait qu'elles n'ont aucune chance de parvenir de l'autre côté – ou, ce qui est sans doute plus terrible encore, en le sachant. On serait tenté de ranger dans cette dernière catégorie une autre tentative se situant elle aussi très tôt après les débuts de la construction du Mur, et 4 octobre 1961 : celle de Bernd Lünser, qui lance une forte corde à linge du toit d'un immeuble donnant sur la Bernauer Strasse, dans des conditions telles que sa descente tourne court : atteint de plusieurs balles, il lâche prise et s'écrase sur la chaussée. Pire encore : les policiers s'engouffrent dans l'immeuble, montent à leur tour sur le toit, y interceptent son « complice » présumé, un autre jeune homme dont l'identité ne sera jamais révélée, et le battent à mort.

De jeunes soldats et policiers est-allemands eux-mêmes se lancent parfois dans l'aventure à hauts risques de l'évasion. C'est par exemple le cas de Hans-Dieter Wesa, dix-neuf ans, dont l'unité a été affectée, en avril 1962, à la surveillance des transports ferroviaires. Le 23 août suivant, lui-même doit prendre la garde dans la station du *S-Bahn* (une sorte de RER berlinois avant la lettre) de Bornholmer Strasse, qui jouxte le quartier – occidental, lui – de Wedding. Brusquement la tentation est trop forte : Wesa quitte les rangs sans rien dire, se rue vers le grillage qu'il escalade, se prépare à sauter en contrebas vers la liberté – trop tard : ses collègues ont ouvert le feu et ne l'ont pas manqué. Une large flaque de sang, qui a pu être photographiée clandestinement, s'étale bientôt dans la nuit sous le pont métallique où s'est joué le drame, et qui arbore une banderole de la propagande officielle proclamant, cela ne s'invente pas, que « la RDA est le bastion de la paix en Europe »...

Pour lui aussi, Berlin-Ouest est resté un rêve impossible, et impuissant à sauver ceux qu'il attire. Une fois pourtant, le 23 mai 1962, un fugitif est-berlinois bénéficiera de la protection militaire de l'Occident. Il est vrai qu'il a... quatorze ans, et que les gardes-frontières n'hésitent pas à tirer sur lui pour l'empêcher de courir ; il est atteint légèrement par une balle et pour couvrir sa fuite, on n'hésite pas à riposter, côté Ouest. Un des tireurs de la RDA est mortellement atteint, ce qui donnera lieu à un gros incident diplomatique et lui vaudra des obsèques militaires à grand spectacle.

Au total, à Berlin et sur l'ensemble de la frontière interallemande, la RDA comptera une quinzaine de soldats et policiers tués durant l'ensemble des années du Mur ; parfois, d'ailleurs, par certains de leurs collègues qui tentent, comme Hans-Dieter Wasa, de profiter d'une occasion qui ne se représentera peut-être jamais plus, et qui disposent d'une arme de service.

Quelles qu'en soient les conditions et l'issue, les tentatives d'évasion vont continuer durant toute cette période et jusqu'à la chute du Mur : on considère, sans pouvoir évidemment disposer de statistiques absolument fiables, qu'environ dix mille Berlinois de l'Est ont, entre 1961 et 1989, cherché à fuir vers l'Ouest, et que la moitié d'entre eux y sont effectivement parvenus. Chiffre à la fois considérable si l'on songe à l'imperméabilité absolue recherchée par le régime est-allemand, et dérisoire pourtant par rapport à ces quelque trois millions d'Allemands de l'Est, dont d'innombrables Berlinois, qui avaient, avant la fermeture, et selon la formule consacrée (en Occident !), « choisi la liberté ».

Les années ont passé, le Mur s'est, si l'on ose dire, perfectionné, et, d'une certaine façon, confirmé. Peu à peu a émergé toute une jeune génération qui n'avait, au fond, jamais connu la démocratie. Rappelons d'ailleurs qu'au moment de la fermeture déjà, aucun Allemand de l'Est de moins de trente ans n'en avait le moindre souvenir, puisque dans cette tranche d'âge les plus âgés avaient deux ans au moment de l'arrivée de Hitler au pouvoir ! C'est pourtant cette même « jeune génération » qui jouera, mais il lui faudra attendre longtemps encore pour y parvenir, un rôle-clé dans la chute du Mur ; car pour n'avoir pas connu, contrairement à ses aînés, la période où même sans réelle démocratie on pouvait encore s'en aller à peu près librement, elle n'en reste pas moins attentive à ce qui se passe à l'Ouest, à Berlin et au-delà.

C'est d'ailleurs une des raisons pour lesquelles Berlin-Ouest est resté, pour le régime est-allemand, une source d'innombrables problèmes et d'exaspération : si hermétique qu'il soit devenu aux personnes, le Mur ne le sera jamais sérieusement aux informations et aux idées, en dépit du martèlement de la propagande communiste, puisque, de cette île au cœur de la RDA, émettent sans relâche, et avec un considérable succès d'écoute à l'Est, les radios et télévisions de l'Ouest.

Mais plus encore peut-être que la liberté de s'informer et de débattre, c'est une certaine forme de liberté culturelle occidentale qui va achever de faire que les pensées des jeunes Berlinois de l'Est, et autant que faire se peut leurs regards, se tournent « de l'autre côté ». En 1987 se produit par exemple un événement si significatif à cet égard qu'il est tentant (et certes facile, *a posteriori*...) d'y voir un signe précurseur de ce qui sera, deux années plus tard, la chute du Mur.

Côté ouest de la porte de Brandebourg est en effet organisé un grand concert de rock en plein air. Surprise : l'affluence de jeunes sera encore plus nombreuse côté Est ! Pourtant, les autorités de la RDA, averties, ont fait édifier une vaste palissade pour garder à une certaine distance du Mur, dont un détour englobe justement le célèbre portique au quadrige, ceux qui se laisseraient aller à un coupable penchant pour la musique anglo-saxonne, et tenteraient de venir voir et écouter ce qui se passe « en face ».

Ils ne verront pas grand-chose en effet, mais ils entendront : les vieux messieurs aux commandes à Berlin-Est ont à l'évidence largement sous-estimé le nombre des décibels émis par les rockeurs occidentaux et leur « sono » infernale ! Plus grave pour eux, les jeunes Berlinois de l'Est, exaspérés, se mettent à scander :

« *Diese Mauer muss weg !* » (« Ce Mur doit disparaître ! »), un slogan qui leur vaut quelques arrestations par les unités en civil de la Stasi disséminées dans la foule, mais qu'on n'a pas fini d'entendre, du moins jusqu'à ce que, justement, « ce Mur disparaisse ».

On est alors en train d'entrer dans les derniers temps de cette coupure historique de Berlin en deux, mais on ne le sait pas. Cruellement, il va y avoir encore plusieurs morts au cours de tentatives de franchissement du Mur entre ce concert qui, sans que l'on en ait encore conscience, marque un peu un tournant, et l'écroulement du monument le plus symbolique de la division du monde, y compris durant ses derniers mois.

Le 5 février 1989, Chris Gueffroy, un garçon de café est-berlinois de vingt ans, entend dire que compte tenu de l'évolution de la situation l'ordre de tir contre les fuyards est suspendu ; dans la nuit suivante, il tente de passer non loin du bâtiment du Reichstag, en compagnie d'un ami, Christian Gaudian… et il est aussitôt tué par un des gardes d'une balle en plein cœur (Gaudian, lui, est grièvement blessé mais survivra).

Quant à Winfried Freudenberg, il lui reviendra le terrible honneur d'être le tout dernier mort du Mur. Il a été frappé par l'exploit des Strelzyk et des Wetzel qui, on s'en souvient, s'étaient évadés en montgolfière en 1979, et dix ans plus tard, il va tenter de le renouveler avec sa toute jeune femme, Sabine. La préparation du ballon – qui doit, lui, être gonflé au gaz naturel – est menée à bien en quelques mois. Mais le soir où les conditions météorologiques semblent enfin favorables pour s'envoler de leur quartier est-berlinois de Prenzlauer Berg, si possible à destination de l'aéroport de Tegel situé en secteur français, ils sont surpris en pleins préparatifs par un voisin qui est, malheureusement pour eux, un informateur de la Stasi. Voyant au loin arriver une voiture de police alors que le ballon n'est pas assez gonflé pour emporter deux personnes, ils décident dans l'urgence que Winfried partira seul…

Il y parvient en effet, de justesse, errant ensuite à 2 000 mètres d'altitude une bonne partie de la nuit. Avant de s'écraser, vers 7 h 30 le lendemain matin, dans un jardin du côté de Zehlendorf (au-delà de Tegel, donc), tué par une chute vertigineuse après une déchirure inexpliquée de l'enveloppe du ballon. Le nom de Winfried Freudenberg restera donc le dernier sur la liste des victimes du Mur qui, officiellement, en comporte cinq cent onze – étant entendu qu'il ne s'agit que des morts officiellement recensés.

Sa mort semblera bientôt particulièrement absurde puisque, sans que nul n'en ait encore véritablement conscience, ni du côté des contestataires ni dans le camp du pouvoir, un processus est en marche qui ne s'arrêtera plus qu'avec la chute du Mur, et la réunification de Berlin, de l'Allemagne, et dans une large mesure de l'Europe.

# Chapitre X

## *Cette incroyable nuit qui a changé le monde*

Ce soir-là à Berlin-Est, les journalistes s'ennuient ferme au *briefing* qui suit la réunion du comité central du SED, dans la salle de presse internationale de la Mohrenstrasse, où le déclin du jour, précoce en ce début novembre, a depuis longtemps conduit à allumer les lampes. Ils sont pourtant venus nombreux, espérant une annonce spectaculaire, ou au moins une innovation : depuis ce fameux concert de rock devant la porte de Brandebourg, la situation n'a cessé de se dégrader pour le régime, de plus en plus ouvertement contesté par des manifestants certes pacifiques mais qui se comptent désormais par centaines de milliers, et il est clair que celui-ci doit impérativement reprendre l'initiative.

Hélas, rien ne vient. À la tribune, Günter Schabowski, le responsable de la presse du parti – il a d'ailleurs longuement dirigé *Neues Deutschland*, son organe central, un quotidien dont on a vu durant toutes ces années du Mur qu'il était aussi avenant et ouvert que le régime lui-même – ânonne, en pur apparatchik, qui dirige aussi depuis quelque temps la fédération est-berlinoise du parti, des vérités officielles auxquelles il ne semble plus lui-même prêter qu'un crédit mécanique, presque distrait. On en est manifestement à la toute fin des prolongations, et d'aucuns commencent à ranger leurs affaires, à couper micros et projecteurs, sans attendre que l'orateur (si l'on peut dire !) en ait tout à fait terminé.

Et puis, à 18 h 53, le correspondant de l'agence de presse italienne ANDSA, Ricardo Ehrman, lève la main et pose une dernière question qui ressemble fort à une ultime relance, à une tentative désespérée pour avoir enfin quelque chose à écrire dans sa dépêche. « Vous avez reconnu que le gouvernement avait commis certaines erreurs ; ne pensez-vous pas, lui demande-t-il, que c'en était une d'assouplir les conditions de voyage comme il y a quelques jours ? »

L'assistance, du moins celle qui écoute encore, s'attend à un bel exercice de langue de bois, et, de ce point de vue, dans un premier temps elle ne va pas être déçue. D'un verbe hésitant, le porte-parole du comité central répond que non, ce n'était pas une erreur, que les citoyens qui ont envie d'aller voir ce qui se passe à l'étranger ne doivent pas se sentir opprimés par une interdiction, et qu'il était donc normal de rendre ces escapades un peu plus faciles ; mais il dresse, d'une voix toujours aussi molle, un tableau passablement dissuasif de l'accueil en RFA de ceux qui ont réussi à s'y rendre, en l'occurrence par la Tchécoslovaquie et surtout par la Hongrie.

Tout semble donc dit. Mais Schabowski se souvient que dans la voiture qui le conduisait à la conférence de presse, Egon Krenz, qui a succédé à Erich Honecker comme chef de l'État et du parti deux semaines plus tôt, lui a glissé un papier, en fait une note le mettant au courant d'une décision majeure, qui doit être annoncée à l'Allemagne et au monde le lendemain matin par l'intermédiaire d'une interview déjà mise au point avec l'agence ouest-allemande DPA.

La note, il l'a dans sa poche ; et il croit se souvenir, sans avoir eu le temps de la lire vraiment, qu'elle a justement quelque chose à voir avec ces fameuses facilités de sortie du territoire est-allemand sur l'assouplissement desquelles il est en train de patauger devant les journalistes à grand renfort de « heu… » embarrassés et de grattements de tête, dans cette phraséologie dont il ne sait pas encore qu'il n'aura plus beaucoup l'occasion de l'employer : « Voyez-vous, camarades… »

Après tout, pourquoi ne pas se jeter à l'eau puisque, de toute façon, l'annonce officielle est imminente ? Schabowski sort donc le papier de sa poche, le parcourt en marmonnant, puis lance tranquillement sa bombe : « Les demandes de sortie à l'étranger pour les personnes individuelles peuvent désormais être faites sans passer par la procédure en vigueur jusqu'à présent (sans justifier une demande de visa, en fait), et les autorisations, sauf quelques cas exceptionnels, seront accordées sous bref délai. »

Aussitôt, les questions fusent : avec un passeport ? Un visa ? En passant par où ? Et surtout, quand cette mesure entrera-t-elle concrètement en vigueur ? Schabowski est débordé, mais heureusement son mémo est là : « Heu… Immédiatement, à ma connaissance. » Un passeport, un visa ? « Je ne puis vous répondre à ce stade », dit-il. Mais tous les passages vers la RFA devraient être ouverts. « Et Berlin ? Et Berlin ? » lui demande-t-on de toutes parts. Il hausse les épaules, fronce les sourcils, relit encore sa fameuse note. « Et Berlin, oui. » Mais dans ces conditions, que va-t-il advenir du Mur ?

Alors, cet homme qui vient à l'instant, sans en paraître conscient, d'écrire (ou plutôt de lire, mais ce n'est déjà pas rien !) une page considérable de l'histoire du monde moderne, a ce mot de bureaucrate qu'il n'a jamais cessé d'être : « On me dit qu'il est 7 heures du soir, ce sera donc la dernière question. » À laquelle il ne répondra d'ailleurs que par quelques considérations générales sur la suite des opérations et les instructions qui ont déjà été données aux gardes-frontières est-allemands pour le lendemain matin…

Moins d'une heure plus tard, ARD, la première chaîne de télévision publique ouest-allemande, ouvre son journal avec la déclaration de Günter Schabowski. C'est évidemment un coup de tonnerre dans tout Berlin-Est, où tout le monde a pris depuis très longtemps l'habitude de s'informer avec les médias de l'Ouest ; y compris, d'ailleurs, les dignitaires du régime, qui en plaisantent parfois entre eux. La population apprend donc l'incroyable : il va devenir possible, très vite, d'aller librement à l'Ouest. On avait beau savoir le régime sévèrement ébranlé par les immenses manifestations d'opposants, voire, pour les mieux informés, par les pressions de Gorbatchev, qui était revenu atterré des cérémonies marquant, quelques semaines plus tôt, le 40e anniversaire de la RDA, nul ne s'attendait à une telle issue.

Au point que durant de longues minutes, personne n'ose encore vraiment y croire. « Dès que la nouvelle a été diffusée, se souvient Margot, Berlinoise de l'Est qui avait dix-sept ans à l'époque, les gens se sont interpellés sur le palier des immeubles, se sont appelés au téléphone pour alerter ceux qui n'avaient pas regardé la télévision, et en général on tombait sur des interlocuteurs incrédules ou très sceptiques : "Tu dois avoir mal compris, ça n'est pas possible, ce serait trop beau !" Très vite, il y a eu une atmosphère de kermesse dans ma rue, et on a commencé à se dire qu'il fallait aller à un point de passage sans attendre le lendemain matin, pour voir, même si l'on n'imaginait pas que très peu après on serait réellement de l'autre côté du mur… »

Vingt ans après, l'évocation de « ce qu'on faisait au moment où on l'a appris », un peu comme le 11 septembre 2001 pour les Américains, mais en référence à unc immense surprise collective heureuse et non tragique, reste une entrée en matière quasi obligée entre Allemands de l'Est (et dans une mesure un peu moindre de l'Ouest) lorsqu'on en vient à parler de cette incroyable nuit. Ceux qui n'ont su que le lendemain matin – car il était difficile d'échapper à une telle annonce au-delà d'une douzaine d'heures – que le Mur était enfin ouvert, cultivent aujourd'hui encore une certaine frustration, voire un vague sentiment de culpabilité.

Et à l'évidence, ce n'est pas tant l'ouverture de l'ensemble de la frontière interallemande qui a marqué les esprits : c'est celle du Mur de Berlin. Alors que, bien sûr, la première concernait statistiquement beaucoup plus de monde que la seconde ; mais la terre entière connaissait l'existence du Mur, c'est en tentant de le franchir qu'étaient morts des centaines d'Allemands dont le seul tort était d'avoir habité du mauvais côté un certain 13 août 1961 ; alors que tout le monde n'avait pas conscience de cette matérialisation du Rideau de fer qu'était l'infranchissable ligne de démarcation entre les deux Allemagne.

Longtemps journaliste en RDA, donc inévitablement supporter du régime (« J'ai sans doute été un peu aveugle, dit-il aujourd'hui dans son joli appartement neuf de Potsdam, mais je me sentais à l'aise dans ce pays qui m'a toujours donné du travail, et puis je n'avais jamais connu la démocratie telle que vous l'entendez à l'Ouest »), Horst Grützke, aujourd'hui octogénaire, garde lui aussi des images bien particulières de cette nuit du 9 novembre 1989.

« J'habitais à l'époque un appartement qui donnait juste sur le Mur, se souvient-il, à deux pas de la Bernauer Strasse et, jadis, de la *Versönungskirche*, l'Église de la Rédemption, que, c'est vrai, le régime avait fait raser en 1984 parce qu'elle pouvait offrir des commodités d'évasion. Un site qui est aujourd'hui très exploité par les marchands de souvenirs, et qui a aussitôt attiré l'attention des journalistes étrangers. De sorte que cette soirée, qui personnellement me posait beaucoup de questions, qui signifiait tout de même pour moi l'écroulement probable, et bientôt certain, d'un monde qui avait été le mien, toute ma vie d'adulte, d'un univers politique et moral auquel, à quelques réserves près, j'adhérais encore à l'époque, je l'ai passée, un comble, en compagnie de reporters américains et autres, qui poussaient des cris de joie à ma fenêtre, et qui prenaient des photos, tendaient des micros vers la foule de mes compatriotes qui exultaient, qui se félicitaient de constater la réalité de cette chute ! »

Horst Grützke s'applique à ne pas céder à la nostalgie, ou plutôt, selon un néologisme apparu au début des années quatre-vingt-dix pour qualifier le regret sourd ou explicite que certains ont pu avoir de la RDA après la réunification allemande, à l'*Ostalgie*. Mais il ne peut s'empêcher de poursuivre : « Cette chute du Mur, je dois bien reconnaître, maintenant encore, que pour moi elle était déchirante. Et j'ajouterai, malgré tous les signes de désagrégation que donnait le régime : infiniment surprenante. Du moins ne pouvais-je refuser d'y croire même une seconde, puisque j'en avais le spectacle sous les yeux. Aujourd'hui, bien sûr, quand je me retourne vers cette nuit-là, je comprends aussi ce qu'elle a pu signifier d'heureux pour tant de gens – ce qui est bien le signe que le régime socialiste s'y était mal pris, qu'il n'avait pas su faire leur bonheur. Et pour ma part, je ne suis pas malheureux aujourd'hui, pas du tout. Mais quand même… Il y a vingt ans, mon univers a basculé. Et c'était dur à l'époque, ça l'est resté d'une certaine façon, de ne pas arriver à s'associer à une joie que l'on sent populaire et sincère. »

Une joie d'abord incrédule, et bientôt exubérante, qui ne tardera pas en tout cas, lors de cette incroyable soirée qui va faire l'Histoire, à déferler sur toute la ville. Vers 22 heures, des groupes de Berlinois de l'Est, tout particulièrement des jeunes, commencent à affluer aux points de passage, sans y croire encore mais pour prendre un peu la température. Portes et grilles sont encore fermées, et gardes-frontières leur demandent, souvent avec un grand sourire qui ne fait pas vraiment partie de leur comportement habituel, de patienter jusqu'à minuit. On attend gentiment de part et d'autre, puisque ces Cendrillon à rebours ne pourront *sortir* de chez eux qu'à cette heure fatidique… Quand elle sonne enfin, la foule a considérablement grossi, et c'est un peu partout la ruée, certes dans la bonne humeur, mais aussi le débordement absolu de toute tentative de contrôle, sommaire d'abord puis bientôt impossible et donc inexistant. D'ailleurs, à quoi bon puisque le passage « de l'autre côté » est désormais libre ?

Le retour aussi, mais certains hésitent à croire à la pérennité de cette prodigieuse innovation. Et ils vont rester à l'Ouest, pas très nombreux pour le coup : un millier le premier jour, ou plutôt la première nuit, semble-t-il, encore cinq cents environ le lendemain puis pas plus de quelques dizaines par vingt-quatre heures. Pas très longtemps, non plus : le temps de se convaincre qu'ils peuvent regagner leurs pénates orientaux sans perdre ensuite le droit de retraverser, encore et encore – jusqu'à ce qu'il n'y ait justement plus rien à traverser…

De l'autre côté des chicanes qui se dressent encore sur le passage, des centaines, bientôt des milliers de Berlinois de l'Ouest sont venus, dans la nuit froide et pourtant si chaude de novembre, accueillir leurs compatriotes si longtemps séparés. Des gens que l'on avait connus infiniment plus réservés fraternisent dans la rue, les bouchons de *Sekt* sautent à tout va, on entonne des chansons, tout heureux de parler la même langue. Les premières petites *Trabant* et les *Wartburg* qui arrivent pétaradantes et fumantes, et où s'entassent parfois six ou sept personnes, sont ovationnées. Les bistrots des grandes places et des principales artères vont rester pleins toute la nuit – la permission de sortie expire en principe à 8 heures du matin – certains ayant d'ailleurs rouvert précipitamment à l'annonce de la nouvelle.

Le Kurfürstendamm ne tarde pas à se transformer en vaste promenoir de cette ville si avide de se réunifier, et il restera pour d'innombrables Berlinois de l'Est un but d'inlassables escapades à l'Ouest. Quitte à devoir se contenter de regarder les vitrines de la tentation occidentale, faute de marks de la RFA. En tout cas cette première nuit, car tout citoyen de RDA se rendant en Allemagne occidentale peut percevoir une allocation de 100 marks par an : pas de quoi faire des folies, surtout aux tarifs berlinois, mais comme c'est pour l'immense majorité la première fois qu'ils touchent ces précieux billets, il y a tout de même là quelques modestes promesses de fête. Et puis, au marché noir est-allemand (y compris celui que l'État organisait pour son propre compte), c'étaient bien les marks de l'Ouest qui étaient recherchés, ainsi que les dollars bien sûr, les francs suisses ou même français, les livres sterling ; de sorte que certains arrivent avec un petit pécule qui, directement ou après passage dans un bureau de change, va les aider à « flamber » un peu…

On se rue sur les cabines téléphoniques – car l'ère du téléphone portable généralisé n'est pas encore arrivée – pour prendre à témoin, fût-ce à 2 ou 3 heures du matin, telle parentèle de Leipzig, Dresde ou Halle, villes où la contestation s'est beaucoup affichée aussi : jamais sans doute le « Tu ne devineras jamais d'où je t'appelle ! » n'aura autant fonctionné que cette nuit-là à Berlin-Ouest… Cette euphorie se calmera ensuite un peu, bien entendu, d'autant plus qu'il faut bien, dans la journée, gagner sa vie, et la nuit récupérer un peu ; mais le choc de ces heures d'exception, deux décennies plus tard, marque encore, et sans doute à jamais, ceux qui les ont vécues.

En tout cas, en cette journée historique du 9 novembre 1989 – et depuis de longues semaines déjà – nul ne peut plus ignorer ce qui eût semblé, un an plus tôt, impensable : le régime est-allemand est obligé de reconnaître qu'il va mal, très mal même. Ce n'est pas sa maladie qui étonne : elle est, en quelque sorte, « de naissance », comme on dit d'une lourde affection chronique ; c'est plutôt qu'il soit obligé d'en tirer publiquement les conséquences. Il est vrai que le bon docteur Gorbatchev, venu en octobre au chevet du patient pour son 40e anniversaire, l'a trouvé fort mal en point, et en a fait part à ses interlocuteurs, à commencer par Erich Honecker – comme il semble loin, le temps de ce fameux baiser sur la bouche, « à la russe », avec Leonid Brejnev ! – en observant tout de même, dans l'énoncé du pronostic, cette circonspection que l'on doit aux grands malades.

Le régime a pourtant, à l'occasion de cet automne 1949 qui marque son 40e et dernier anniversaire, bien fait les choses – du moins les a-t-il faites comme il croit *bien* de procéder. Comptant sans doute impressionner son illustre visiteur, lequel recevra l'année suivante le Prix Nobel de la paix pour sa « contribution à la fin de la Guerre froide » (en clair, pour son intervention décisive dans le démantèlement de la dictature en URSS même, et de celles qui lui étaient liées, à commencer par la RDA), il a notamment organisé sur la Karl-Marx-Allee, le 7 octobre, une de ces parades dont les dirigeants soviétiques ont longtemps été si friands, et les dirigeants des « pays frères » aussi, naturellement.

Sans bien mesurer que ce genre de représentations à grand spectacle, avec tout ce que celles-ci supposent et même affichent quant à la déconnection absolue du pouvoir à l'égard du peuple, c'est exactement ce dont Mikaïl Gorbatchev ne veut plus – en attendant mieux. Erich Honecker ne semble pas lire sur le visage finement expressif du numéro un du Kremlin ce que trahissent pourtant certains gros plans des télévisions occidentales : l'ennui, l'embarras, une sourde irritation...

Cette Karl-Marx-Allee est en elle-même, il est vrai, une illustration fortement symbolique des carences et dérives du pouvoir est-allemand. Aménagée sur ce qui était jadis la Grosse Frankfurter Strasse, la « grande rue de Francfort », elle s'est d'abord appelée la Stalinallee, de 1949 à 1961. Cette dernière date n'a évidemment aucun rapport avec celle de la construction du Mur : elle correspond à la deuxième vague de déstalinisation lancée en URSS même par Khrouchtchev, déjà auteur du fameux rapport présenté en février 1956 devant le XX<sup>e</sup> congrès du parti communiste de l'Union soviétique sur les terribles crimes de masse du tyran qui était mort trois ans plus tôt.

Hélas, il ne suffit pas d'avoir rebaptisé du nom du fondateur du marxisme cette avenue qui se voulait l'axe triomphal d'un socialisme allemand triomphant pour lui avoir ôté son caractère lui aussi stalinien. Large de près de 90 mètres et longue de 2 kilomètres, la Karl-Marx-Allee est en effet construite dans le style monumental cher au « petit père des peuples », sur les plans de Hermann Henselmann, le grand architecte du régime. Il s'agissait officiellement, à l'origine, de bâtir pour « les travailleurs » des logements vastes, modernes, lumineux ; naturellement, ce sont essentiellement les cadres du gouvernement, de l'administration et du SED qui ont pu en profiter – cela fait partie de ces avantages matériels grâce à la distribution desquels on « tient » l'encadrement politique et économique. Et au moment où il assiste du haut de l'estrade officielle à cette vaste parade qui précède de si peu la chute du Mur, Gorbatchev ne peut ignorer combien ce haut lieu de la « patrie des travailleurs » est en fait celui de la *Nomenklatura.*

Honecker et son entourage manquent de toute façon de jugement sur l'état d'esprit de l'encore « patron » du Kremlin. Sur la nécessité générale qu'il ressent d'ouvrir et de moderniser un système global dont l'échec lui semble patent, face à des États-Unis dont Ronald Reagan, alors à la Maison Blanche, ne cesse de proclamer le « retour ». Mais aussi, voire surtout, sur le regard qu'il porte sur le régime est-allemand en particulier. Pourtant, au printemps de la même année, tandis qu'il se trouvait en visite officielle en Chine (les étudiants de la place Tienanmen se réclameront d'ailleurs de lui pour exiger vainement une libéralisation du régime communiste), il a lâché deux mots qui auraient dû alerter les dirigeants de la RDA.

Devant la... Grande Muraille, la vraie (on se souvient que c'était le nom de code de l'opération Mur de Berlin !), des journalistes lui demandent ses impressions, et il répond : « C'est un très bel ouvrage, mais il y a trop de murs dans la vie des hommes. » Jusque-là, rien qui échappe à la banalité vaguement philosophique du dirigeant politique sommé d'avoir un avis sur tout, et de préférence profond. Mais un autre reporter lance comme une boutade : « Voulez-vous dire qu'on devrait éliminer celui de Berlin ? » Alors Gorbatchev répond, devant la petite troupe de ses accompagnateurs, par cette formule lapidaire à laquelle l'Histoire ne va pas tarder à donner une signification prophétique : « Pourquoi pas ? »

Deux ans plus tôt, le 12 juin 1987, le président Reagan l'a d'ailleurs interpellé dans un grand discours prononcé à Berlin-Ouest, où il s'était rendu à l'occasion du 750e anniversaire de la Prusse (que malgré de nombreuses tentatives les deux Républiques allemandes ne sont d'ailleurs pas parvenues à célébrer ensemble), devant la porte de Brandebourg : « M. Gorbatchev, ouvrez cette porte ! M. Gorbatchev, abattez ce mur ! » Une formule à rapprocher de celle employée la même année par Richard von Weizsäcker, alors président de la République fédérale : « La question allemande restera ouverte aussi longtemps que la Porte de Brandebourg restera fermée. »

Les Berlinois de l'Est, à l'occasion de la visite du dirigeant soviétique pour ce 40e anniversaire de la RDA, lui réservent d'ailleurs un accueil qui va très au-delà des amabilités automatiques ou du succès de curiosité. Parmi les contestataires est-allemands, de plus en plus nombreux au sein du Mouvement des citoyens, et qui ne craignent plus de s'afficher, beaucoup se réclament, avec ou sans arrière-pensée, de la *Glasnost* et de la *Perestroïka* (respectivement la « transparence » et la « restructuration ») dont il a fait son slogan ; et certains n'hésitent pas, notamment lors de son bain de foule sur Unter den Linden, à lui crier : « Aidez-nous ! Gorbatchev avec nous ! » Il répondra alors : « Pas de panique ! Patience ! », ce qui ne l'engage sans doute pas considérablement mais semble tout de même considérer que leurs alarmes s'expliquent, et pourrait en tout cas alerter les dirigeants de la RDA.

Des dirigeants qu'il assurera d'ailleurs sans ironie apparente, au cours d'une assez brève conférence de presse, de sa « confiance pour faire confiance pour apprendre la vie et faire éventuellement les corrections qui s'imposent ». Apprendre la vie : à l'âge de M. Honecker – 77 ans – il serait grand temps, en effet… La veille, le 6 octobre donc, quelque 2 500 militants berlinois de l'organisation *Neues Forum* (« Nouveau Forum »), dispersés sans ménagement par les forces de l'ordre qui ont aussi effectué des dizaines d'arrestations sur l'Alexanderplatz – autre lieu de la capitale que les autorités ont voulu grandiose et mythique – et dans une église de Prenzlauer Berg, n'ont pas hésité à réclamer, propos sacrilège, des élections libres !

Mikhaïl Gorbatchev lui-même n'en est certes pas encore là ; ni pour son propre pays, ni pour la RDA. Mais enfin, au terme de différents échanges avec Honecker et d'autres dignitaires du régime, il ira jusqu'à lancer une autre petite phrase dont, dans ce contexte où la demande populaire de réformes monte de plus en plus bruyamment à Berlin-Est et ailleurs en RDA, à commencer bien entendu par la destruction du Mur, la signification un peu sentencieuse semble (en tout cas aujourd'hui) transparente : « La vie, dit-il, punit celui qui arrive en retard… »

Et en retard, le régime l'est à l'évidence lorsqu'il s'agit d'analyser les derniers événements. Des événements dont non seulement tous les Berlinois, mais la terre entière, ont pourtant eu à connaître, car le verrouillage de l'information est devenu techniquement impossible – et celui des habitants aussi, mais pour une raison inattendue. Car le pays se trouve, depuis quelques mois, confronté à un phénomène qui n'est pas sans rappeler celui qui, dans les années cinquante, a justement conduit à l'édification du Mur : une hémorragie de population.

Comme il n'est plus question de pouvoir passer directement à l'Ouest, c'est par l'Est que les citoyens de

Berlin et de l'ensemble de la RDA gagnent l'Occident, depuis l'été, par dizaines de milliers. C'est en fait de Budapest qu'est venu pour eux, indirectement, le signal de l'exode : en mai, la Hongrie a décidé de démanteler *sa* partie de Rideau de fer, autrement dit de rendre perméable la frontière, jusqu'alors à peu près infranchissable, qui la sépare de l'Autriche et qui avait été méthodiquement verrouillée sur ordre des Soviétiques. Or les habitants des « démocraties populaires », comme continue à dire sans vergogne la phraséologie officielle, peuvent depuis des années déjà circuler très facilement les uns chez les autres, puisque c'est de l'ensemble qu'elles forment qu'il est impossible de sortir sans permission du pouvoir.

La nouvelle s'étant répandue, Berlinois de l'Est et autres ressortissants de la RDA se découvrent donc, durant l'été 1989, une soudaine passion touristique pour la Hongrie. Ils sont bientôt si nombreux que les autorités de Vienne en viennent à affréter des trains spéciaux à destination de Francfort – car quels que soient les charmes, indéniables en effet, de la Hongrie ou de l'Autriche, la RFA est évidemment le vrai but de ces voyages. Le 19 août a même lieu un épisode presque burlesque. Le très dynamique Otto de Habsbourg, que ni son âge ni son nom ne dissuadent de faire une carrière de député européen dans les rangs démocrates-chrétiens allemands, et de militant passionné de l'unification du continent, a organisé un pique-nique géant et binational à Sopron, ville hongroise mais toute proche de la frontière autrichienne (elle est d'ailleurs bilingue et porte aussi un nom allemand : Ödenburg).

Les officiels hongrois ont accepté, le temps de la fête, de laisser ouvert le poste-frontière, et n'ont dépêché sur place que cinq policiers : cinq cents Allemands de l'Est, dont bon nombre de Berlinois, qui étaient en vacances dans la région et lorgnaient déjà vers la frontière désormais entre-baillée avec l'Autriche, vont en profiter, en une fin d'après-midi, pour gagner l'Autriche, et de là les autobus qui, affrétés par l'ambassade de RFA à Vienne, distante d'environ 60 kilomètres, les attendent de l'autre côté… Au grand embarras des autorités des trois pays concernés. Y compris celles de Bonn, qui voudraient bien ne pas compromettre la récente amélioration de leurs relations avec Berlin-Est.

Et cela d'autant plus que le mouvement ne cesse de prendre de l'ampleur : on estimera quelques semaines plus tard que plus de cent mille personnes vont ainsi entrer, avec ou le plus souvent sans autorisation ouest-allemande, en RFA. Laquelle en est à fermer provisoirement ses ambassades dans certains pays de l'Est où des milliers de candidats à l'émigration envahissent les bureaux des chancelleries, parfois jusqu'au moindre couloir, voire la résidence de l'ambassadeur, et campent sans désemparer dans les jardins… Pour achever de tout compliquer, la représentation permanente (puisqu'il ne saurait, dans ce cas, y avoir d'ambassade proprement dite) de l'Allemagne fédérale à Berlin-Est est occupée, des semaines durant, par des candidats est-allemands à l'émigration, qui finiront par la quitter, en principe de leur plein gré et sur la promesse qu'ils ne seront pas inquiétés.

Face à cette évolution estivale rapide monte, au sein du bureau politique du SED, une inquiétude qui, en fait, est double. D'une part, les dirigeants du parti – et donc du pays – redoutent évidemment les conséquences d'une mobilisation populaire qui semble de plus en plus forte, et contre laquelle il ne peut plus être question, compte tenu des positions esquissées par Gorbatchev et des conseils qu'il a glissés à ses interlocuteurs lors de son passage à Berlin-Est, d'employer la manière (vraiment) forte. Mais aussi, ils s'effarent de constater que Honecker ne « sent » pas, ou plus, le cours des choses, même en leur appliquant une grille de lecture toute marxiste-léniniste.

Ils se convainquent qu'il faut opérer un rapide changement d'homme au sommet de la pyramide, avant que ce climat pré-insurrectionnel ne se transforme en une catastrophe absolue pour un régime qui ne peut plus compter sur l'intervention des chars soviétiques pour écraser la contestation, comme en juin 1953 à Berlin-Est, à Budapest en 1956 ou à Prague en 1968. Ni même, pour justifier l'injustifiable, sur le relais politique des partis communistes occidentaux, notamment français, espagnol et italien, de toute façon en complète déconfiture.

Mais Honecker ne semble donner aucun signe d'une éventuelle volonté de passer la main, ou de faire au moins les quelques gestes qui permettraient peut-être de sauver ce qui peut encore l'être. Aussi un petit complot va-t-il se préparer dans son dos, et celui de son très fidèle et très redouté ministre de la Défense, Heinz Kessler, qui a joué le rôle d'une sorte de commissaire politique en chef dans la NVA avant d'en devenir le ministre de tutelle en 1985. Les « conjurés » – les guillemets s'imposent, car il ne s'agit tout de même que de lancer une révolution de palais, dans un climat qui pour le régime est déjà crépusculaire, et non de préparer un véritable putsch – se retrouvent, à la faveur de vraies-fausses séances de jogging, en survêtement, dans la forêt de Wandlitz, 25 kilomètres au nord de la capitale.

Il s'agit principalement d'Egon Krenz, du terne Günter Schabowski dont nous avons déjà parlé, et d'un autre haut responsable du parti, pas beaucoup plus brillant, Siegfried Lorenz. Krenz est déjà le numéro deux du régime depuis cinq ans, et, outre un arrivisme certain mais qui n'est certes pas une singularité dans la sphère politique, sa personnalité comporte deux visages contradictoires. Comme responsable de la sécurité intérieure et des cadres du SED, il a l'image d'un dur, et peut difficilement passer pour l'homme qui va incarner la libéralisation inlassablement réclamée par des contestataires de plus en plus nombreux. Mais il est aussi, depuis longtemps, l'ami personnel de Mikhaïl Gorbatchev. Et il sent bien que le chef du Kremlin a raison. Non sans doute qu'il l'approuve sur le fond : dans l'esprit de Krenz, ce qui compte est avant tout de préserver le règne du parti, quitte à assouplir le système si c'est là le prix à payer pour conserver le pouvoir, non de réformer en profondeur un système condamné depuis longtemps par l'histoire.

Pour réussir l'opération, qui consiste à mettre Honecker en minorité au bureau politique pour l'obliger à démissionner, et étant entendu qu'il y a de toute façon urgence, la période de la mi-octobre semble opportune : Heinz Kessler est en visite chez son homologue nicaraguayen de la défense et ne sera donc pas là, le cas échéant, pour tout compliquer, ni par ses prises de position, ni surtout en tentant de jeter les forces armées dans la balance. Le bureau politique est houleux mais finalement, le 17, Honecker renonce effectivement au pouvoir. Aura-t-il reçu, pour l'aider à prendre cette douloureuse décision, un coup de téléphone du Kremlin ? On peut le supposer.

En tout cas, le lendemain Egon Krenz devient le secrétaire général du SED (et, pour faire bonne mesure, président du Conseil d'État de la RDA, autrement dit de la République, le 24), occasion pour laquelle il prononce à l'adresse de celui qu'il vient de renverser sans enfreindre la légalité interne du parti un de ces discours où l'abondance des fleurs évoque davantage la couronne funéraire que le bouquet du soupirant. Et il promet de « discuter, dialoguer, gouverner avec raison ». Il le fera jusqu'au 12 décembre suivant. Puis le régime, condamné d'avance par l'organisation au printemps suivant des premières élections libres de RDA – et, de ce fait, des dernières ! – s'effondrera de lui-même, sans qu'un seul mort supplémentaire soit à déplorer. Il est vrai que le Mur avait déjà fait suffisamment de victimes…

Mais entre-temps, il s'est donc, durant cette nuit fameuse du 9 au 10 novembre 1989, effondré. Au moins politiquement et métaphoriquement, car sur le plan matériel il faudra évidemment attendre un peu plus longtemps. Il en subsistera des tronçons, dont la démolition fait d'ailleurs aujourd'hui débat au nom de la préservation de souvenirs historiques majeurs, fussent-ils tragiques. Même après ce 3 octobre 1990 qui voit le nouveau Parlement de Berlin-Est voter « l'entrée de la RDA dans la Loi fondamentale de la RFA », autrement dit la réunification formelle des deux Allemagne, et donc des deux Berlin qui avaient symbolisé, dans leur propre confrontation, l'implacable face-à-face entre l'Est et l'Ouest.

Le chemin de ce rassemblement des Allemands des deux camps est, en lui-même, une autre histoire, au demeurant passionnante. S'agissant des Berlinois, on avait beaucoup assuré qu'il ne se ferait pas sans difficulté, voire sans douleur, une fois retombée l'incroyable euphorie de cette soirée du 9 novembre 1989 qui allait changer le monde. Même si c'était aussi parce que le monde était justement déjà en train de changer que cette fameuse nuit était enfin devenue possible. Que n'a-t-on dit pendant des années sur « ce Mur qui reste dans les têtes » ?

En fait, ce sont surtout certains aspects économiques et sociaux de la réunification allemande qui ont fait problème (en particulier l'inégalité persistante des salaires entre les deux parties du pays, et le chômage beaucoup plus important dans l'ex-RDA), quitte à oublier quel en a été le très lourd coût financier pour la RFA. Et cela dès que le chancelier Kohl a décidé – choix politique majeur, assumé comme tel – qu'il n'y aurait plus, dans l'ensemble de l'Allemagne, que le mark de l'Ouest, position courageuse et très fortement symbolique, qui allait avoir un prix élevé. Mais les Berlinois, eux, ont-ils jamais regretté, si ce n'est l'illusion lyrique et fraternelle de cette folle nuit de novembre, du moins la chute du hideux monument de 167 kilomètres que le partage du monde avait imposé à leur vaste cité ? Le brassage aura été d'autant plus facile, à Berlin, qu'un certain snobisme s'en est mêlé : il est rapidement devenu du dernier chic, pour l'équivalent local des « bobos » parisiens, d'aller habiter à l'Est – dans les quartiers fraîchement rénovés, tout de même, de préférence.

On se souviendra en outre qu'à la revendication de la liberté s'est bientôt ajoutée, chez les contestataires berlinois de 1989, celle de l'unité : le slogan « *Wir sind das Volk !* » (littéralement : « Nous sommes le peuple ! », ou pour mieux dire : « Le peuple, c'est nous ! ») s'est rapidement complété d'un autre, moins ironique sans doute à l'égard de gouvernants qui prétendaient au monopole de l'expression populaire, mais plus grave, aussi : « *Wir sind* ein *Volk !* » (« Nous sommes un [seul] peuple ! »).

Aujourd'hui, on débat sur la question de savoir s'il faut garder les vestiges du Mur, au nom du passé, ou bien achever de les raser, au nom de l'avenir. Chez cette population berlinoise dûment réunifiée, donc, ce qu'il en reste encore, abondamment peint et tagué, se visite en cars rutilants, avec des commentateurs multilingues. La terre entière semble se presser sur le site de Checkpoint Charlie, orné d'un symbole facile mais qui ne manque pas d'allure : deux portraits de jeunes soldats, l'un russe et l'autre américain. Ou encore dans le passionnant petit musée du Mur qui le jouxte ; sans oublier celui de la Bernauer Strasse. Au sol, une ligne métallique zigzague à travers la ville, marquant son ancien tracé pour l'édification des visiteurs, et la mémoire éventuellement défaillante de ceux qui ont vécu là. Dans les échoppes des petits marchands de souvenirs se débitent inlassablement, encore vingt ans plus tard, d'innombrables « morceaux du Vrai Mur », menus fragments d'un béton présentant invariablement, tel un raccourci, une involontaire métaphore, une face grise et une autre colorée.

Le « Vrai Mur », comme on a pu parler de fragments de la « Vraie Croix » en matière de reliques : l'analogie pourrait sembler vaguement impie, mais elle s'impose pourtant à l'esprit quand on considère, et l'invérifiabilité de la provenance des uns et des autres, et leur surabondance un peu suspecte. Sans parler d'une certaine sanctification de l'instrument du supplice… Le Mur de Berlin transformé, en tout cas, en pacifiques presse-papiers, bibelots ou porte-clés : l'Histoire offre parfois à ses sujets des revanches paradoxales, des cocasseries inattendues.

À ceux qui l'ont vécue, celle-ci aura tout de même laissé beaucoup de souvenirs plus poignants que ces breloques. Et si la page, comme on dit, est en effet tournée, la mémoire de certains en restera tout de même marquée aussi longtemps que se dresseront, au détour d'une rue, d'une place, d'un jardin, ces petites croix, ces inscriptions modestes, qui rappellent ce temps si lointain déjà, et si proche encore pourtant, où le Mur tuait ; et que des mains anonymes et fidèles viennent fleurir à certains anniversaires.

# Petite bibliographie

La liste des ouvrages mentionnés ci-dessous ne prétend évidemment pas – il s'en faut même, bien entendu, de beaucoup – constituer une énumération exhaustive de ceux qui ont été consacrés à une période ou une autre de l'histoire de Berlin. Ni à celle de son Mur, quoique celle-ci, curieusement, n'ait pas (encore ?) tout à fait suscité, nous semble-t-il, quarante-huit ans après sa construction et vingt ans après sa chute, toute l'historiographie qu'il mériterait. Du moins s'agit-il de livres qui, chacun dans son registre, semblent susceptibles d'enrichir le regard du lecteur soucieux d'approfondir le sujet, et/ou de le resituer dans un contexte berlinois et allemand plus large.

## *Sur Berlin en général*

*Berlin, le ciel partagé* (ouvrage collectif), Ed. Autrement, 1983 ; avec une mention particulière pour la première partie : « Une ville, un Mur ».

BUFFET Cyril, *Berlin*, Éd. Fayard, 1993.

ECKHARDT Ulrich, *750 Jahre Berlin* (« 750 ans de Berlin »), Éd. Ullstein, 1986 ; *750 Jahre Berlin, Thesen der DDR zur 750 jährigen Bestehen von Berlin* (« Thèses de la RDA pour le 750e anniversaire de l'existence de Berlin »), Éd. Dietz Verlag ; il s'agit des deux ouvrages publiés, le premier en RFA et le second en RDA, à l'occasion du 750e anniversaire (en fait approximatif) de la Prusse.

VERNET Daniel, *Le Roman de Berlin*, Éd. du Rocher, 2005.

## *Sur le Mur de Berlin proprement dit :*

BRANDT Willy, *Mémoires*, Éd. Albin Michel, 1989.

BRIGOULEIX Bernard, *1961-1989 : Berlin, les années du Mur*, coll. « Raconter l'histoire », Éd. Tallandier, 2001.

CHILDS Monire, *Berlin : the Wall has two sides* (« Berlin : le Mur a deux côtés »), photographies, Éd. University of Nottingham, 1987.

FLEMMING Thomas et KOCH Hagen, *Die Berliner Mauer – Geschichte eines politischen Bauwerks* (« Le Mur de Berlin, histoire d'un bâtiment politique »), disponible également en édition remaniée et traduite en anglais sous le titre : *The Berlin Wall, division of a city* (« Le Mur de Berlin, la division d'une ville »), Éd. Be.Bra, 1999.

HILDEBRANDT Rainer, *Es geshah an der Mauer*, (édition trilingue allemand-anglais-français ; ce livre militant, constamment réédité et abondamment illustré, a largement dépassé le million d'exemplaires). Et du même auteur : *Die Mauer spricht/The Wall speaks* (« Le Mur parle », édition bilingue qui comporte essentiellement de photos des slogans et dessins peints sur le Mur), 1990. Ces deux livres, publiés par les Éditions Haus am Checkpoint Charlie, se trouvent notamment au musée du Mur de Berlin et sur Internet.

KATONA Mariana S., *Tales from the Berlin Wall* (« Contes du Mur de Berlin »), Éd. Anotam, 2003.

KUSCZYNSKI Rita, *Mauerblume, ein Leben auf der Grenze* (« Fleur de Mur, une vie sur la frontière »), roman autobiographique, Éd. List, 1999.

LE GLOANNEC Anne-Marie, *Un mur à Berlin*, coll. « La mémoire du siècle », Éd. Complexe, 1985.

MERIT Richard et Anna, *Living with the Wall, West Berlin 1961-1985* (« Vivre avec le Mur »), Éd. Dike University Press, 1985.

RÜHLE Jürgen et HOLZWEISSIG Gunter, *13. August 1961, die Mauer von Berlin* (« 13 août 1961, le Mur de Berlin »), Éd. Deutschland Archiv, 1981.

SIKORSKI Werner et LAABS Rainer, *Chekpoint Charlie und die Mauer* (« Checkpoint Charlie et le Mur »), Éd. Ullstein, 1997.

VIERGUTZ Volker, *The Berlin Wall* (« Le Mur de Berlin »), Éd. Berlin Story Verlag, 2008.

## *Sur des aspects plus précis de son histoire*

CATE Curtis, *The Ides of August* (« Les Ides d'août »), également disponible en allemand sous le titre *Riss durch Berlin* (« Déchirure à Berlin »), Éd. Weidenfeld and Nicholson, 1978.

CATUDAL Honoré M., *Kennedy and the Berlin Wall Crisis, a case study in US Decision Making* (« Kennedy et la crise du Mur de Berlin, une étude de cas dans le processus de décision aux États-Unis »), Éd. Berlin Verlag, 1980.

DARNTON Robert, *Dernière danse sur le Mur, Berlin 1989-1990*, coll. « Histoire », Éd. Odile Jacob 1992.

KOHL Helmut, *Je voulais l'unité de l'Allemagne*, Éd. de Fallois, 1997.

MANDER John, *Berlin, Hostage for the West* (« Berlin, otage pour l'Occident »), Éd. Penguine Books, 1962.

SAUZAY Brigitte, *Retour à Berlin*, Éd. Plon, 1998.

SCHICK Jack M., *The Berlin Crisis, 1958-1962* (« La Crise de Berlin »), Éd. University of Pennsylvania Press, 1971.

VANNIER Sébastien, *Documents*, revue du dialogue franco-allemand (50, rue de Laborde 75008-Paris), a par ailleurs publié de nombreuses études sur le Mur de Berlin. À lire notamment dans le numéro d'avril 2009, particulièrement avant un séjour à Berlin, *Visite guidée, vingt ans après, sur les traces du Mur*.

VERNET Brigitte, *Retour à Berlin*, Éd. Plon, 1998.

WETTIG Gerhard, *Das Vier-Mächte-Abkommen in der Bewarungsprobe* (« L'Accord quadripartite à l'épreuve des faits »), Éd. Berlin Verlag, 1981.

WINDSOR Philip, *City on Leave* (« Une ville sur le départ »), Éd. Clark, 1963.

# Table des matières

Cet ouvrage a été achevé d'imprimer par SAGIM en septembre 2009
sur rotative Variquik
à Courtry (77181)

*Imprimé en France*

Dépôt légal : septembre 2009
N° d'impression : 11542

L'imprimerie Sagim est titulaire de la marque
Imprim'vert® depuis 2004

Éditions Alphée, Jean-Paul Bertrand
28, rue Comte-Félix-Gastaldi
Monaco